www.ingramcontent.com/pod-product-compliance
Lightning Source LLC
LaVergne TN
LVHW010756051026
849532LV00007B/2387
* 9 7 8 9 3 6 9 0 8 3 0 8 4 *

بہ فرض محال

(مزاحیہ شاعری)

غوث خواہ مخواہ حیدرآبادی

Ba-farz-e-Muhaal *(Humorous Poetry)*
by: Ghouse Khamakha Hyderabadi
Edition: October '2025
Publisher :
Taemeer Publications LLC (Michigan, USA / Hyderabad, India)

ISBN 978-93-6908-308-4

کتاب : **بہ فرض محال** (مزاحیہ شاعری)

مصنف : **غوث خواہ مخواہ حیدرآبادی**

صنف : طنز و مزاح

ناشر : تعمیر پبلی کیشنز (حیدرآباد، انڈیا)

سالِ اشاعت : ۲۰۲۵ء

صفحات : ۱۶۰

سرورق ڈیزائن : تعمیر ویب ڈیزائن

اِنتساب

اپنے بچّوں کی والدۂ محترمہ کے نام ؎

جو مجسّم صبر اور ایثار ہیں
پیکرِ مہر و وفا اور پیار ہیں
صرف اپنی ہی نہیں وہ خواہ مخوٓاہ
میری مرضی کی بھی خود مختار ہیں

فہرست

نمبر شمار	عنوان	صفحہ نمبر	نمبر شمار	عنوان	صفحہ نمبر	نمبر شمار	عنوان	صفحہ نمبر
			۲۳	آدمی کا	۵۳		قطعات	۹۹
۲	کہا سنا	۷	۲۴	اوڑھنا بچھونا ہے	۵۵	۴۴	رکھ لیئو	۱۰۱
۳	حمد	۱۱	۲۵	دی گئی ہے	۵۷	۴۵	مُرس لیتوں	۱۰۲
۴	نعت	۱۳	۲۶	آنکھیں	۵۹	۴۶	جوان ہوروں میں	۱۰۴
۵	عبادت	۱۶	۲۷	پنشن یافتہ	۶۱	۴۷	ارادہ ہے کیا؟	۱۰۶
۶	چوٹے	۱۷	۲۸	جوانی بھی گئی	۶۳	۴۸	کیا بولوں؟	۱۰۷
۷	سیاسی چوٹے	۱۹	۲۹	دم نکلے	۶۵	۴۹	کیا کریں کی کیا نئیں کی	۱۱۰
۸	تین شعر	۲۱	۳۰	اور ہے	۶۷	۵۰	نئیں بولے تو سنتے نئیں	۱۱۲
۹	پیروڈی	۲۳	۳۱	چل نہیں سکتی	۶۹	۵۱	کیکو	۱۱۵
۱۰	اجنبی چمن میں	۲۵	۳۲	باتیں کی ہیں	۷۱	۵۲	کیا کرنا سمجھ میں نئیں آرئے	۱۲۰
۱۱	زمین	۲۷	۳۳	نہ دیکھو	۷۳	۵۳	لوگ	۱۲۲
۱۲	کیا ہے؟	۲۹	۳۴	نقلی ناک	۷۵	۵۴	معلوم ہوتا ہے (سیاسی)	۱۲۷
۱۳	بتا تیری رضا کیا ہے	۳۱		حصہ نظم	۷۷	۵۵	معلوم ہوتا ہے (غیر سیاسی)	۱۲۹
۱۴	باتیں کرو	۳۳	۳۶	منظوم خطبۂ صدارت	۷۸	۵۶	کچھ بھی نئیں ہے، کیا بھی نئیں ہے،	۱۳۲
۱۵	دیکھتے جاؤ	۳۶	۳۷	لیڈر کا اسٹیچو	۸۱	۵۷	کس کو معلوم	۱۳۶
۱۶	نام کر گیا	۳۸	۳۸	۴۰۰ سالہ حیدرآبادی تہذیب	۸۴	۵۸	چلتا رئیں گا	۱۳۸
۱۷	موسم	۴۰	۳۹	ایک غریب شاعر کی	۸۵	۵۹	کتے	۱۴۰
۱۸	زیادہ	۴۲		موت پر		۶۰	طنز و مزاح کے شاعر	۱۴۳
۱۹	دکھائی دیتا ہے	۴۴	۴۰	زندہ شاعر	۸۷	۶۱	عظمت بھلادیں (؟) نذر	۱۴۶
۲۰	پابند نہیں (نثری)	۴۷		منظوم خراج عقیدت		۶۲	تلنگی میں	۱۴۹
۲۱	سر پہ چڑھا رکھا ہے	۴۹	۴۱	امریکہ منظوم تاثر	۹۱	۶۳	دیکھو، ہلتی بول دے رؤں	۱۵۲
۲۲	پسینے سی سواب بھی ہے	۵۱		دکنی شاعری	۹۸	۶۴	یہ میرے سے نئیں ہوسکتا	۱۵۶

کہا سنا

پیارے قاری!

اگر آپ اس شعری مجموعے کو مانگ کر پڑھ رہے ہیں تو مجھے آپ کے ذوق کی داد دینی پڑے گی۔ میرا اپنا تجربہ بھی یہی ہے کہ مانگے کی کتاب ہی زیادہ مزہ دے جاتی ہے۔ یہ بھی ہو سکتا ہے کہ شاید یہ مجموعہ بازار میں اگر نایاب نہیں تو کمیاب ہو گیا ہو ورنہ آپ اور مانگے کی کتاب پڑھیے! ایسا ہو ہی نہیں سکتا (کچھ لوگوں کا خیال ہے کہ ان دنوں کچھ ایسا ہی ہو رہا ہے۔ واللہ اعلم ——)

آپ اس مجموعے کو بہ فرضِ محال، پڑھ بھی لیں تو یہ ضروری نہیں کہ جس دوست کی بظاہر یہ ملکیت ہے اُسے واپس بھی کر دیں۔ ہو سکتا ہے اس دوست نے بھی کسی ایسے ہی دوست سے یہ کتاب عاریتاً مانگ لی ہو، پڑھنے کے لئے نہ سہی اپنے ادبی ذوق کے اظہار کے لئے ہی سہی۔

بہر حال جب بھی آپ کو اپنی ضروری مصروفیات سے فرصت ملے۔ مثلاً دفتر کے کام میں جی نہیں لگ رہا ہو، بیگم بچوں سمیت میکے گئی ہوں اور اس دوران گھر کی صفائی وغیرہ جیسے اہم کاموں سے فراغت نصیب ہوئی ہو، ٹی وی پر کوئی قابلِ دید سیریل نہ ہو یا۔ نیند نہیں آ رہی ہو تو اس مجموعے پر یونہی ایک سرسری نظر ڈال لیں آپ کو افاقہ نہ ہو تو میرا ذمہ —— مطلب یہ کہ آپ فوری طور پر دفتری کام میں مشغول ہو جائیں گے۔ بیگم کو فوری واپس آنے کے لئے فون کرینگے۔ ٹی وی کا خراب سے خراب ترین سیریل بھی اچھا لگنے لگا اور نیند —— وہ کہا سنا، کے اختتام سے پہلے ہی آجائے گی۔

اگر آپ یہ کتاب خرید کر پڑھنا چاہتے ہوں تو بک اسٹال سے باہر نکلنے سے قبل ہی آپ پر یہ حقیقت واضح کر دینا ضروری سمجھتا ہوں کہ کیشیر کا کاؤنٹر ابھی دُور ہے اس مجموعے کی قیمت ادا کرنے سے قبل اپنے فیصلے پر نظرثانی کر لیں — اس لئے کہ اس میں کوئی نیا کلام نہیں ہے۔ بیشتر غزلیں اور قطعات آپ مشاعروں میں، ٹی وی اور ریڈیو پر سُن کر فراموش بھی کر چکے ہونگے۔ ایسا بھی نہیں ہے کہ اس میں کوئی چونکا دینے والا یا نیا اسلوب ہے۔ دراصل میں آپ کو کسی خوش فہمی میں مبتلا نہیں کرنا چاہتا اس لئے کہ غلط فہمی کا ازالہ ہو سکتا

ہے خوش فہمی کا ممکن نہیں ۔ اگر آپ یہ سب کچھ نہیں چاہتے تو یہ کتاب نہ خریدیں ۔ خدانخواستہ خرید چکے ہوں اور اللہ کرے رسید محفوظ ہو تو اسے واپس کر کے کوئی بہتر کتاب خریدیں ۔

اس وضاحت کے بعد بھی اگر آپ اس کے مطالعے پر مصر ہیں تو آپ کو اپنی شاعری کے بارے میں بتاتا چلوں ۔ سچ پوچھئے تو سرکاری ملازمت کے دوران مجھے شاعری کے لئے بہت کم وقت ملتا تھا ۔ کہیں سے دعوت نامہ آنے پر مشاعرے میں شرکت کی خاطر اختیار کردہ سفر کے دوران ہی انڈر پریشر جو بھی سوجھتا قلمبند کر لیا ۔ ریٹائرمنٹ کے بعد دیکھا تو اچھا خاصہ مواد جمع ہو گیا تھا ۔ کچھ بہی خواہوں کے اکسانے پر ان چیدہ چیدہ اوراق کو جگر لخت لخت کی طرح یک جا کر کے کتابی صورت میں پیش کر رہا ہوں ۔ اس مجموعے میں کلام وافر مقدار میں ہے یا کم ہے اس کا انحصار آپ کی فرصت اور طبیعت کی آمادگی پر ہے ۔

میرے شعر کہنے کی تحریک کی دو وجوہات ہیں ایک تو یہ کہ اپنی تحریر پڑھ کر سنتے ہوئے مجھے خوشی حاصل ہوتی ہے اور دوسری وجہ یہ ہے کہ میں دوسروں کو بھی اپنی طرح خوش دیکھنا چاہتا ہوں لیکن جس طرح گھوڑے کو پانی تک لایا تو جا سکتا ہے لیکن پینے پر مجبور نہیں کیا جا سکتا اسی طرح میرا کام شعر لکھنا اور پڑھنا ہے ۔ پڑھ سُن کر ہنسنا یا نہ ہنسنا یہ آپ کے مزاج کی کیمسٹری پر منحصر ہے ۔ ایک اور نکتہ سمجھ لیں ۔ دورانِ مطالعہ اگر آپ کو ہنسی نہ آئے یا صرف مسکرانے کو بھی جی نہ چاہے تو اپنے آپ کو مبارکباد دے لیں اور سمجھ لیں کہ آپ خود اس سے بہتر کلام تخلیق کر سکتے ہیں ۔ صرف تخلیق کے کرب سے گزرنا شرط ہے ۔

یہ مجموعہ جو سلیس اردو اور دکنی شاعری پر مشتمل ہے ممکن ہے کہ فن شاعری کے معیار پر پورا نہ اترے اس کی وجہ یہ ہے کہ میں نے پینتیس ۳۵ سال قبل مزح نگاری کسی استاد کے آگے زانوئے تلمذ تہہ کئے بغیر ہی شروع کی تھی ۔ اس لئے عروض ، بحر اور وزن میں جھول یا رتی ماشے برابر کمی بیشی نظر آئے تو کتابت کی غلطی سمجھ کر نظر انداز کر دیں ۔ اس الزام کو ان کے سر ڈالنے سے قبل میں نے جناب کاتب صاحب سے پیشگی معذرت چاہ لی ہے ۔ نقاد حضرات سے بھی ملتمس ہوں کہ وہ اس سے بہتر کتاب پر قوت تنقید آزمائیں ۔

کچھ سامعین اور قارئین معترض ہیں کہ میں نے اپنی شاعری میں 'اپنی' بیوی پر ہی زیادہ شعر کہے ہیں آیا یہ کہ وہ اشعار کی ہیلمن سے اکثر جھانکتی نظر آتی ہیں تو صاحبو! ادباً عرض ہے کہ وہ میری شریک حیات ہونے کے ناطے شریک شاعری بھی ہیں مجھے اپنی بندوق چلانے کے لئے کسی نہ کسی کا کندھا چاہیئے تھا ـــ وہ اگر

میری بیوی کا ہو تو کیا قباحت ہے۔ ویسے بھی میرے خیال میں مجھے اپنی بیوی پر طبع آزمائی کرنے کا پورا حق حاصل ہے۔ ہے نا!

اب رہ جاتا ہے میرا تخلص! مجھ سے اگر پوچھا گیا ہے کہ میں نے اپنا تخلص خواہ مخواہ کیوں چنا؟ کچھ کرم فرما تو یہاں تک فرما گئے کہ مزاحیہ شاعری کے لئے شاعر کے تخلص کا مزاحیہ ہونا ضروری نہیں ہے۔ میں ان کی رائے سے متفق ہوں لیکن ان حضرات سے گزارش ہے کہ وہ جگر اور دل جیسے تخلصات پر بھی تو غور فرمائیں اور غنیمت جانیں کہ میں نے اپنے تخلص انسان کے دیگر اعضائے رئیسہ مثلاً گردہ، پھیپھڑہ یا معدہ نہیں رکھا۔ میں نے تو اکثر اپنے تخلص کو کما حقہ نبھانے کی کوشش بھی کی ہے۔

اس ضمن میں ایک واقعہ یاد آیا۔ تین سال قبل متحدہ عرب امارات میں منعقد کردہ مشاعروں کے دوران ایک بزرگ شاعر کو میرا تخلص اتنا پسند آیا کہ میرے ساتھ ہوٹل میں سہ روزہ قیام کے دوران اٹھتے بیٹھتے تعریف کرتے نہیں تھک رہے تھے۔ "بھئی خواہ مخواہ تمہارا تخلص بہت خوب ہے ــــ" "ــــ میاں تم نے بڑا لاجواب تخلص چنا ہے" "ــــ تمہارے تخلص کی جتنی تعریف کی جائے کم ہے ــــ" وغیرہ وغیرہ ــــ تیسرے دن تنگ آکر میں نے عرض کیا ــــ "قبلہ! اگر آپ کو میرا تخلص اس قدر پسند ہے تو آپ رکھ لیں ــــ میں کوئی دوسرا رکھ لونگا ــــ" اس واقعے کے بعد وہ ہر مشاعرے میں میرے ہر مقطع پر ناک بھنوں چڑھاتے دیکھے گئے۔

چلتے چلتے ایک بات اور عرض کرتا چلوں ــــ میں نے زندگی کو صرف مزاحیہ ہی نہیں بلکہ سنجیدہ نظر سے بھی دیکھا ہے اس لئے مجھ سے سنجیدہ شاعری بھی سرزد ہوئی ہے۔ جس کی اشاعت کا ابھی صرف ارادہ ہی ہے زیر نظر مجموعے کے ساتھ آپ کا سلوک بہتر رہا تو سنجیدہ شاعری کی اشاعت کے ارادے کو عملی پاجامہ پہناؤں گا ورنہ ــــ

پھر کبھی خواہ مخواہ ملیں گے ہم
ورنہ قاری میاں، خدا حافظ

خواہ مخواہ

نام : غوث محی الدین احمد
تخلّص : خواہ مخواہ
وطن : حیدرآباد دکن
حال مقیم : بمبئی

میرے ساتھ ستم ظریفی یوں بھی ہوتی رہی ہے کہ بمبئی والے میرے تخلص کے آگے حیدرآبادی کا اضافہ کردیتے ہیں اور میرے ہم وطن، عمر کا بیشتر حصہ بمبئی میں گزارنے کے جرم میں اسی تخلص کے آگے قوسین میں (بمبئی) بٹھا دیتے ہیں نتیجتاً وطن میں بھی مہمان شاعر کی حیثیت سے مدعو کیا جاتا ہوں۔

ذریعۂ روزگار: حکومت مہاراشٹر (بمبئی) کے محکمۂ زراعت، آبپاشی اور برقی میں پینتالیس سال چیف ڈرافٹس مین کی حیثیت سے کارگزار رہ کر اپریل سنہ ۱۹۹۱ء میں ملازمت سے باعزت وظیفے پر سبکدوش ہوا ہوں اور اب زندگی کے باقی دن سب کو خوش، ہنستے اور مسکراتے ہوئے دیکھنے کی کوشش میں گزر رہے ہیں۔

حمد

ذرّہ ہوں میں حقیر وہ ذرّہ نواز ہے
اُس کا نیاز مند ہوں جو بے نیاز ہے

معبُود اور عبد میں رازو نیاز ہے
یہ قاعدے سے ہو تو سمجھ لو نماز ہے

بھٹکا جو جان بوجھ کے وہ کینہ ساز ہے
نِکلا جو راہِ حق میں وہی سرفراز ہے

رحم و کرم کی بھیک غضب سے پناہ مانگ
سر بہ سجُود ہو، ابھی وقتِ نماز ہے

مومن ہے وہ جو جنگ میں محمودؔ غزنوی
لیکن نماز میں وہ سراپا ایاز ہے

سیدھی ہے راہ دین کی آحمؔد نکل پڑو
دنیا کے راستوں میں نشیب و فراز ہے

آحمؔد خطا پہ اپنی مجھے کیوں نہ ناز ہو
میں خوب جانتا ہوں وہ بندہ نواز ہے

نعت

صورت پہ اپنی اور نہ سیرت پہ ناز ہے
میں وہ غریب ہوں جسے غربت پہ ناز ہے

زاہد کو گر خدا کی عبادت پہ ناز ہے
مجھ کو مرے حبیبؐ کی چاہت پہ ناز ہے

وہ آپؐ ہی کی ذاتِ رسالتمآب ہے
پیغمبروں کو جن کی امامت پہ ناز ہے

کتنا ہوں خوش نصیب کہ میں اور یہ مقام
چوکھٹ پہ ان کی میری جبین نیاز ہے

ہرگز نہ دونگا جنت و فردوس کے عوض
عشقِ نبی کا دل میں جو سوز و گداز ہے

تسکینِ قلب اس کو ملے بھی تو کس طرح
دیوانۂ رسولؐ کو وحشت پہ ناز ہے

قرآں کی روشنی میں کریں اپنا تجزیہ
وہ لوگ جن کو اپنی جہالت پہ ناز ہے

سجدہ خلوصِ دل سے نہیں ہو سکا مگر
یہ جانتے ہیں پھر بھی عبادت پہ ناز ہے

سُنّت کی پیروی نہیں کرتے مگر ہمیں
قرآن اور حدیث کی عظمت پہ ناز ہے

مالِ حرام دے کے بھی خیرات میں ہمیں
صدقہ زکوٰۃ اور سخاوت پہ ناز ہے

تبلیغِ دینِ حق کے لئے بھی تو وقت دیں
وہ جن کو فہم اور فراست پہ ناز ہے

محتاج جن کی نظرِ کرم کا ہے اِک جہاں
مجھ کو انہی کی چشمِ عنایت پہ ناز ہے

حاکم ہو چاہے کوئی، حکومت کسی کی ہو
امت کو آپ ہی کی اطاعت پہ ناز ہے

دیکھا ہے جب سے گنبدِ خضریٰ کو خواب میں
آتشؔ کو اپنی چشمِ بصیرت پہ ناز ہے

عبادت

دلوں میں ہے جن کے سرورِ عبادت
چمکتا ہے چہروں پہ نورِ عبادت

عبادت خشوع و خضوع سے نہ ہوگی
نہ حاصل ہو جب تک شعورِ عبادت

سبھی نیکیاں خواہ مخواہ تلف ہونگی
کروگے اگر تم غرورِ عبادت

چوکّے

حوادث لاکھ آئیں مجھ کو گھبرانا نہیں آتا
مرے گامِ تمنّا کو ٹھہر جانا نہیں آتا
تغیّر تو رہی ہے خواہ مخواہ فطرت زمانے کی
مگر میں کیا کروں مجھ کو بدل جانا نہیں آتا

ہماری زندگی گو رنج اور غم سے عبارت ہے
مگر خوشیوں سے مُنہ کو موڑ لینا بھی حماقت ہے
ظرافت خواہ مخواہ فن ہی نہیں ہے اک سعادت ہے
ہنسا کر غم کسی کے بانٹ لینا بھی عبادت ہے

یہ مانتا ہوں زندگی جیسے عذاب ہے
ہنسنا ہنسانا یہ بھی تو کارِ ثواب ہے
اس میں تو نیک لوگ بھی بستے ہیں خواہ مخواہ
اِتنا کہاں خراب، جہانِ خراب ہے

مجھے اشکوں سے اپنے زخمِ دل دھونا نہیں آتا
ملے لمحے جو خوشیوں کے اُنہیں کھونا نہیں آتا
میں اپنے غم بھُلانے خواہ مخواہ ہنستا ہنستا ہوں
مگر سب یہ سمجھتے ہیں مجھے رونا نہیں آتا

یہ دیکھ جھوٹے بھرم سے کسی کا دل نہ دُکھے
تِری کسی بھی قسم سے کسی کا دل نہ دُکھے
تو شاعری سے ہنسا سب کو خواہ مخواہ لیکن
تری زبانِ قلم سے کسی کا دل نہ دُکھے

مشقِ سخن کسی بھی ریاضت سے کم نہیں
شعر و ادب کا ذوق سعادت سے کم نہیں
لازم وضو کے ساتھ خشوع و خضوع بھی ہے
فن اور اس کی فِکر عبادت سے کم نہیں

چونکہ روایتوں کا عادی نہیں ہوا ہوں
میں حال ہوں ابھی تک ماضی نہیں ہوا ہوں
اب بھی مرے سخن میں جِدّت و تازگی ہے
بوڑھا ہُوا ہوں لیکن ! باسی نہیں ہوا ہوں

سیاسی چوٹے

ویسے تو یہ دیش ہمارا امن داماں کی وادی ہے
لیکن اس وادی میں جانے کیوں ہر سُو بربادی ہے
خوؔاہ مخواہ مت پوچھو ہم سے اب کتنے آزاد ہیں ہم
جتنی لمبی زنجیریں ہیں اتنی ہی آزادی ہے

چلو مانا کہ جینا ہے تو کچھ کرنا ضروری ہے
خدا کے بعد اپنی موت سے ڈرنا ضروری ہے
مگر کوئی مجھے اتنا بتادے کہ سیاست میں
امر ہونا ہے تو کیا خوؔاہ مخواہ مرنا ضروری ہے؟

یہ سچ ہے جب گناہوں سے زمیں ناپاک ہوتی ہے
کسی مشہور ہستی کے لہو سے پاک ہوتی ہے
جو لیڈر خوؔاہ مخواہ ایسی سیاسی موت مرتے ہیں
امر ہوتے ہیں لیکن موت عبرتناک ہوتی ہے

پہلے پانی دودھ میں تھا، دودھ اب پانی میں ہے
اب طبیلہ اک نئے مالک کی نگرانی میں ہے
دودھ دے گی یا نہیں میں خواہ مخواہ کیسے کہوں
مول سینگوں پر ہوا ہے بھینس ابھی پانی میں ہے

ہو گئی مسخ کچھ اس طرح شہر کی صوٗرت
بستیاں ہوگئیں آباد، کھنڈر کی صوٗرت
اپنی صوٗرت بھی نہ پہچان سکوں گا شاید
ایک عرصہ ہوا دیکھے جو بشر کی صوٗرت

پھوٹا کہیں فساد، کہیں قتل و خوں ہوا
فرقہ پرست، سرد نہ تیرا جنوں ہوا
دیمک زدہ عصا کی طرح ہے ترا غرور
لوٹا تو دیکھ لینا کہ تو سرنگوں ہوا

چہرے پہ مسرت کے برسوں کی تھکاوٹ ہے
دِل میں کئی اَن دیکھے اندیشوں کی آہٹ ہے
کوئی بھی خوشی ہم کو خالص نہ ملی اب تک
سوچا تھا زہر کھالیں اس میں بھی ملاوٹ ہے

تین شعر

سفارش کی ضرورت ہی نہ ہوتی
نوازش کی ضرورت ہی نہ ہوتی
ہمیں آتا اگر حق چھین لینا
گزارش کی ضرورت ہی نہ ہوتی
اگر سوکھے کنویں شبنم سے بھرتے
تو بارش کی ضرورت ہی نہ ہوتی

ضد پہ آجائے تو قابو سے نکل جاتا ہے
مان جائے تو کھلونوں سے بہل جاتا ہے
دل بڑی آگ سے بھی بچ کے نکل جاتا ہے
آگ ٹھنڈی بھی اگر ہو تو یہ جل جاتا ہے
خواہ مخواہ خود تو دکھائی نہیں دیتا لیکن
دیکھنے پردہ نشینوں کو مچل جاتا ہے

اس عمر میں بھی اس لئے بیمار نہیں ہوں
آزاد ہوں ملازمِ سرکار نہیں ہوں
یوں روز صبح اُٹھ کے مجھے گھورتے کیا ہو
انسان ہوں میں، آج کا اخبار نہیں ہوں
روتوں کو ہنسانے کا بھی مجرم ہوں خواہ مخواہ
میں صرف تخلّص کا گنہ گار نہیں ہوں

رات کی تیرگی پہ خوب ہنسو
دن کی تابندگی پہ خوب ہنسو
گر کسی کو ہنسا نہیں سکتے
اپنی شرمندگی پہ خوب ہنسو
موت مہلت نہ دے گی ہنسنے کی
اس لئے زندگی پہ خوب ہنسو

عاشقی میں بیاہ میرا ہوگیا
ہائے کیا سوچتا تھا میں کیا ہوگیا
رفتہ رفتہ جب میں بوڑھا ہوگیا
دُور مجھ سے میرا چہرہ ہوگیا
آئینہ بھی ایک دن کہنے لگا
تم کو دیکھے ایک عرصہ ہوگیا

میری محبوب (پیروڈی)

میری محبوب تجھے میری محبت کی قسم

اپنی ہلکی سی شرافت کا اشارہ دیدے — جیب سے مارا ہوا نوٹ کرارہ دیدے

اے پری جاں مرے اُلجھے ہوئے مقطع کی غزل — جسے دیکھا نہیں اس خواب کی الٹی تعبیر
تو مہرباں ہو تو کھل جائے مرے دل کا کنول — اپنی بے لوث محبت کی دکھا دے تاثیر
آکے دھوبی ہے کھڑا اس کا اُدھارا دیدے
جیب سے مارا ہوا نوٹ کرارہ دیدے

کیا بھلا سکتی ہے تو پہلی ملاقات اپنی — میری سیکل سے جو تو جان کے ٹکرائی تھی
ایک دن اُڑتے تھے کچھ بال ترے سر پہ مگر — تیری چوٹی مری مٹھی میں سمٹ آئی تھی
بال نقلی ہی سہی ان کا اُتارا دیدے
جیب سے مارا ہوا نوٹ کرارہ دیدے

یاد ہے تجھ کو مرے ہاتھ کی سونے کی گھڑی — تری خاطر ہی جسے چھاؤں میں رکھوایا ہے
سود کے پیسے جو مانگے ہیں چھڑانے کے لئے — ترچھی آنکھوں میں تری خون اتر آیا ہے
یہ تری ترچھی ادا بھی ہے گوارہ دیدے
جیب سے مارا ہوا نوٹ کرارہ دیدے

ناک پھولی ہوئی دونالی طفنچے کی طرح   تیرے ترشے ہوئے ابرؤنے کیا دل گھائل
لے گئے چین میرا پچکے ہوئے گال ترے   دل کے درماں کیلئے آیا ہوں بن کر سائل

قلبِ مضطر کے لئے آلو بخارا دے دے
جیب سے مارا ہوا نوٹ کرارہ دیدے

آرزو تھی مرے بچے تجھے امی کہتے   اسی حسرت میں گزاری ہے جوانی میں نے
شوقِ اولاد نے کیا دل پہ ستم توڑے ہیں   سادہ لفظوں میں سنائی ہے کہانی میں نے

اب بھی ہے وقت بڑھاپے کا سہارا دیدے
جیب سے مارا ہوا نوٹ کرارہ دیدے

سارے کپڑے مرے اب ہوگئے ڈھیلے ڈھالے   نئے فیشن کا میں پتلون کہاں سے لاؤں
خواہ مخواہ آؤں گا سسرال پہن کر لنگی   گر تری ضد ہے کہ میں پینٹ پہن کر آؤں

لے کے پتلون مری اپنا غرارہ دیدے
جیب سے مارا ہوا نوٹ کرارہ دیدے

اجنبی چمن میں

نہ بنا سکا نشیمن کسی اجنبی چمن میں
مرا گھر جلا ہے جب سے مرے اپنے ہی وطن میں

مرے ذوقِ خوش لباسی کو فرشتے بھی تو دیکھیں
میں مروں تو دفن کرنا ٹیری لین کے کفن میں

یہ ہے بے ثبات دنیا اُسی دم کے مُرغ کی سی
جو صبح پکا کچن میں مگر آیا نہ ٹِفن میں

مزہ گُل کے توڑنے کا تو مِلا بہت اے گُلچیں
ملی لذّتِ خلش بھی کسی خار کی چُبھن میں؟

یہی آرزو ہے میری نظم و نثر میں یکساں
کہ نہیں تضاد کوئی میرے شعر اور سخن میں

کبھی سابقہ پڑے نہ میرا ساس اور خسر سے
ملے بیوی گائے جیسی جو بندھی رہے صحن میں

میں کبھی نہ بیاہ کرتا جو مجھے یہ علم ہوتا
کہ حجم بڑھے گا ان کا تو گھٹوں گا میں وزن میں

چڑھا ان پہ گوشت کیسے، مری نکلی ہڈیاں کیوں
یہ تو راز کی ہیں باتیں کہوں کیسے انجمن میں

یہی فرق رہ گیا ہے اے رقیب تجھ میں مجھ میں
میں بسا ہوں جا کے بمبئی تو رہا یہیں دکن میں

وہاں بیاہ میں رچایا تو رہا یہاں اکیلا
میں قفس میں بھی ہوں آزاد تو اسیر ہے چمن میں

یہ ہمارا ہی وطن ہے مگر آج ہم ہیں مہماں
ہے عجب ستم ظریفی کہ ہیں بے وطن وطن میں

کوئی خواہ مخواہ پوچھے ترے قرب کی لطافت
کہ ترا خیال آیا ہوئی گدگدی بدن میں

مِلن

جب حسینوں کی تصاویر کتابوں میں ملیں
کورے کاغذ ہی سوالوں کے جوابوں میں ملیں

دن کو تھیٹر میں ملیں رات کو باغوں میں ملیں
ملنے والے جو ملیں، کچھ تو حجابوں میں ملیں

چاہنے والوں کا اس طرح چمن میں ہو مِلن
جس طرح پھول چنبیلی کے گلابوں میں ملیں

نہ میں دولہا ہوں نیا اور نہ نئی دولہن تم
دونوں بوڑھے ہیں تو کیوں اتنے حجابوں میں ملیں

عمر بڑھتی ہے تو جذبوں میں کمی ہوتی ہے
مُرغ و ماہی کے مزے کیسے کبابوں میں ملیں

اِسی اُمید پہ میخانے کے چکر کاٹے
شاید اب اچھے بھلے لوگ خرابوں میں ملیں

وصل کا لطف شبِ ہجر کے مارے یوں لیں
نیند آجائے جو دونوں کو تو خوابوں میں ملیں

جن ثوابوں کے بھروسے پہ ہے زندہ واعظ
ہمیں شاید وہ گناہوں کے عذابوں میں ملیں

واعظ و رِند اگر شیر و شکر ہو جائیں
ذائقے پند و نصیحت کے شرابوں میں ملیں

خواہ مخواہ ملنے سے کتراتے ہو جن سے دن میں
کیا کروگے جو تمہیں رات کو خوابوں میں ملیں

کیا ہے؟

گیا ہو جیل نہ جب تک وہ کیا جانے سزا کیا ہے
رہائی میں ہے کیا دِقّت اسیری میں مزا کیا ہے

ہماری شادی خانہ آبادی محبت بامشقّت ہے
جہاں بیوی مِری جج ہو وہاں میری رضا کیا ہے

یہ مجھ سے پوچھ بیٹھی ایک دن لڑکا نُما لڑکی
وفا ہے نام کس چڑیا کا اور شرم و حیا کیا ہے؟

کہا میں نے یہ اُس سے کہ یہ اُس عورت کے زیور تھے
جسے معلوم تک نہ تھا کہ باہر کی ہَوا کیا ہے

کہا حوّا کی بیٹی نے کہ ہم آزاد پنچھی ہیں
یہ زیور بوجھ ہوتے ہیں نہ پہنیں تو بُرا کیا ہے

جواباً یہ کہا زیور تو کیا کپڑے بھی مت پہنو
اُتارو، پھینک دو یہ بوجھ بھی ان میں رہا کیا ہے

ملا ہے علم تو اس سے کرو کچھ اِستفادہ بھی
کم از کم اتنا پہچانو کہ اچھا کیا بُرا کیا ہے

کبھی جس نے سُنی نہ ہو کسی اسکول کی گھنٹی
اُسے معلوم کیا تاریخ ہے، جغرافیہ کیا ہے

کوئی جانے گا کیسے خواہ مخواہ یہ رازِ قدرت ہے
ازل کی ابتدا کیا تھی ابد کی انتہا کیا ہے

بتا تیری غذا کیا ہے

اگر دعوت ہو کھانے کی تو اس میں سوچنا کیا ہے
نہیں گر یہ خدا کی دین تو اس کے سِوا کیا ہے

جو گھر میں دال روٹی روز ہی کھائے بلا ناغہ
وہی جانے گا بریانی متنجن میں مزا کیا ہے

مرا یہ مشورہ تو مان لے ہوگا بھلا تیرا
کبھی یہ بھول کر مت دیکھ دستر پہ رکھا کیا ہے

مقدّر میں جو لکھا ہے ترے، کھا لے اُسے ڈٹ کر
تکلف تو سراسر اِک اذیّت کے سوا کیا ہے

سمجھ لے نام تیرا ہی لکھا ہے دانے دانے پر
کبھی مت سوچ معدے کے لئے اچھا بُرا کیا ہے

تو، حفظِ ماتقدّم اور اطمینان کی خاطر
پکڑ کر میزباں کو پوچھ لے آخر پکا کیا ہے؟

کبھی تو نے پڑھا بھی ہے مرے کپڑے کے دستر پر
جلی حرفوں کی جو تحریر ہے اس میں لکھا کیا ہے

"شکم کو کر وسیع اتنا کہ ہر پکوان سے پہلے
تجھے خود میزباں پوچھے بتا تیری غذا کیا ہے"

مجھے کھانے کے فوراً بعد ہی پھر بھوک لگتی ہے
کوئی تو یہ بتائے خواہ مخواہ مجھ کو ہُوا کیا ہے

باتیں کرو

رات بھر اقرار کی باتیں کرو
صبح دم اِنکار کی باتیں کرو

اُلجھنیں دِل کی بڑھانی ہوں اگر
گیسوئے خمدار کی باتیں کرو

ہیں نگاہیں تیر اور ابرو کماں
یارِ باہتھیار کی باتیں کرو

مہہ وشو! اتنے بُرے بھی ہم نہیں
آؤ ہم سے پیار کی باتیں کرو

صرف پہلی ہی کے دن اے دوستو
ساز اور جھنکار کی باتیں کرو

دوسری کو بچ گئے پیسے اگر
کوچہ و بازار کی باتیں کرو

دس[۱۰] تلک چار اگر باقی رہے
چائے پر اخبار کی باتیں کرو

بیس[۲۰] اور اکیس[۲۱] کو احباب سے
چرخِ ناہنجار کی باتیں کرو

قرضِ حسنہ لے کے تم انتیس[۲۹] تک
گھر گئے کاروبار کی باتیں کرو

تیس[۳۰] کو باتیں کرو اکتیس[۳۱] کی
یا دلِ بیمار کی باتیں کرو

آخری دن خوب غصّے میں رہو
حجّت و تکرار کی باتیں کرو

پھر اسی شب صبح کی امیّد میں
میٹھی میٹھی پیار کی باتیں کرو

تم سے یہ کس نے کہا تھا خواہ مخواہ
اس طرح بے کار کی باتیں کرو

دیکھتے جاؤ

کسی کی ڈھل گئی کیسی جوانی دیکھتے جاؤ
جو تھیں بیگم وہ ہیں بچوں کی نانی دیکھتے جاؤ

ٹنگی ہے جو مرے ہینگر نما کندھوں پہ میلی سی
مری شادی کی ہے یہ شیروانی دیکھتے جاؤ

دِکھا کے دسویں نومولود کو مجھ سے وہ یہ بولیں
محبّت کی ہے یہ تازہ نشانی دیکھتے جاؤ

کیا بیگم نے نافذ گھر میں دستورِ زباں بندی
مرے گھر آؤ میری بے زبانی دیکھتے جاؤ

میں پچپن کا ہوں وہ پندرہ برس سے تیس کے ہی ہیں
جوانی ان کی میری ناتوانی دیکھتے جاؤ

کھڑے ہیں سامنے آئینے کے اور مسکراتے ہیں
جوانی ہوگئی کیسی دِوانی دیکھتے جاؤ

بجھا سکتا نہ تھا جو تشنگی صحرا کی وہ بادل
حیا سے ہوگیا ہے پانی پانی دیکھتے جاؤ

بہت مجبور ہوتا ہے تو انساں خون پیتا ہے
گراں ہے کس قدر پینے کا پانی دیکھتے جاؤ

ہمارا خون اک نہ ایک دن لاکر رہے گا رنگ
تمہیں مہنگی پڑے گی زندگانی دیکھتے جاؤ

لہو پر بے گناہوں کے رکھی ہوں جس کی بنیادیں
نہیں چلنے کی ایسی حکمرانی دیکھتے جاؤ

حیا اور شرم اٹھتی جا رہی ہے اس زمانے سے
نہ جانے کب مرے آنکھوں کا پانی دیکھتے جاؤ

جوانی خواہ مخواہ کے دل کی کچھ تو گل کھلائے گی
حسینوں سے چلی ہے چھیڑ خانی دیکھتے جاؤ

نام کر گیا

افشائے راز، یار، سرِ عام کر گیا
ناموسِ دوستی کو وہ نیلام کر گیا

رُسوائیوں کے ساتھ وہ لوگوں کے قرض کی
انمول جائیداد مرے نام کر گیا

پہلی ہی رات آنکھ چُرا کر صنم میرا
آغاز ہی میں واقف انجام کر گیا

ساقی نے میکدے میں مِری جیب کاٹ لی
رِندوں میں مجھ کو بندۂ بے دام کر گیا

زاہد کی آج سالگرہ ہے تو دیکھئے
کیسا شریف آدمی کیا کام کر گیا

مغرب سے پہلے دے کے ہمیں دعوتِ نشاط
پینے کا انتظام سرِ شام کر گیا

توبہ نہ توڑنے کی میری ساری کوششیں
ساقیِ تشنہ کام ہی ناکام کر گیا

یہ واقعہ ہے دوست میرا میرے نام سے
مشہور خود ہوا مجھے بے نام کر گیا

دولت نے اس کے حسن کے سو عیب ہے چھپائے
افلاس میرے فن کو بھی گمنام کر گیا

چہرے پہ کمسنی میں تھی جھاڑو پھری ہوئی
آیا شباب اور انہیں گلفام کر گیا

شہرت کا شوق حد سے بڑھا جب بھی خواہ مخواہ
مشہور شخصیت کو بھی گمنام کر گیا

غالبؔ کے شعر میرے تخلص سے جوڑ کر
اِک شخص خواہ مخواہ مجھے بدنام کر گیا

موسم

یہ حسینوں کے بھاؤ کا موسم
چوچلوں اور چاؤ کا موسم

ہر سڑک ہر گلی کے نکڑ پر
عاشقوں کے جماؤ کا موسم

عشق کے روگ کو بڑھاتا ہے
حسن کے رکھ رکھاؤ کا موسم

سائنس میں زیر و بم ہی لائے گا
یہ اُتار و چڑھاو کا موسم

کام نکلیں گے سب خوشامد سے
یہ ہے مسکہ لگاؤ کا موسم

پانچ برسوں کے بعد آئے گا
پھر غریبی ہٹاؤ کا موسم

ایکتا کی جڑیں ہلا دے گا
دیش میں بھید بھاؤ کا موسم

جانے کیوں آج تک نہیں بدلا
فرقہ واری تناؤ کا موسم

کاش بچوں کو راس آجائے
خود کماؤ تو کھاؤ کا موسم

دام ہر چیز کے مقرر ہیں
اب گیا بھاؤ تاؤ کا موسم

لو صبح ہو گئی کمر باندھو
لد گیا ہے پڑاؤ کا موسم

خواہ مخواہ اب سمیٹ لو خیمے
آگیا چل چلاؤ کا موسم

زیادہ

مری مشقِ سخن کا جب ہوا ان پر اثر زیادہ
مہربانی ہے ان کی مجھ پہ کم اور ہے قہر زیادہ

وہ ویسے بھی رہا کرتی ہیں اپنی ماں کے گھر زیادہ
وہاں رہ کر بھی وہ رہتی ہیں مجھ سے باخبر زیادہ

وہ چاہے کھیل چوسر کا ہو یا شطرنج کی بازی
ہمیشہ چال وہ چلتی ہیں اپنی ایک گھر زیادہ

مری رُودادِ غم اک مختصر تفصیل ہوتی ہے
مگر سنتا رہا ہوں اُن کا قصّہ مختصر زیادہ

وہ کوشش تو بہت کرتا ہے لیکن اُڑ نہیں سکتا
پرندے کے نکل آئے ہیں شاید بال و پَر زیادہ

مرضِ شوقِ مسیحائی کا پھیلا ہے وبا بن کر
مریضوں سے کہیں اب ہو گئے ہیں چارہ گر زیادہ

خدا محفوظ ہی رکھے ہمیں ان خود پرستوں سے
جو خود کو جانتے کم ہیں ، سمجھتے ہیں مگر زیادہ

غلط فہمی ہے ان کی خواہ مخواہ یا میری خوش فہمی
سمجھتے ہیں مجھے سب شاعروں میں معتبر زیادہ

دِکھائی دیتا ہے

وہ جس کے جسم پہ کھدّر دکھائی دیتا ہے
نصیب کا وہ سکندر دکھائی دیتا ہے

امن کے حق میں جنہوں نے اُٹھائے ہاتھ اپنے
انہی کے ہاتھ میں پتھر دکھائی دیتا ہے

صلح کو ہاتھ بڑھاتے ہو آستیں دیکھو
ہمیں چھپا ہوا خنجر دکھائی دیتا ہے

لگائیں آگ کہیں، جب بھی جی میں آتا ہے
تو دوستوں کو مرا گھر دکھائی دیتا ہے

خوشی میں ظرف کسی کا نظر نہیں آتا
مصیبتوں میں یہ جوہر دکھائی دیتا ہے

دلوں میں زہر بھرے لوگ مجھ سے ڈرتے ہیں
مرا قلم انہیں نشتر دکھائی دیتا ہے

نظر جوان سے لڑی لوٹ آئی بینائی
مجھے تو کل سے بھی بہتر دکھائی دیتا ہے

پتہ نہ پوچھو کسی زن مرید شوہر کا
وہ گھر میں رہ کے بھی بے گھر دکھائی دیتا ہے

خفا وہ ہوتی ہیں جب بھی تو گھر کے باہر ہی
ہمارا بوریہ بستر دکھائی دیتا ہے

میں گھر پہ لوٹ کے بھی جھڑکیاں ہی سنتا ہوں
یہ گھر مجھے مرا دفتر دکھائی دیتا ہے

وہ کتنے کام کا شوہر ہے دیکھ لو گھر میں
تمہیں کہیں کوئی نوکر دکھائی دیتا ہے؟

جو بھیک مانگنے آیا پلین سے دہلی
کہیں کا چیف منسٹر دکھائی دیتا ہے

جنہیں پتہ بھی نہیں کیا بلا ہے لٹریچر
انہیں سٹائر بھی ہیومر دکھائی دیتا ہے

جو بھیک مانگ رہا ہے ہنسی کی رستے پر
بچارہ شکل سے شوہر دکھائی دیتا ہے

دکھائی دیتا ہے جو خواہ مخواہ مسجد میں
وہ میکدے میں بھی اکثر دکھائی دیتا ہے

پابند نہیں ہیں

وعدہ کیا، کسی بات کے پابند نہیں ہیں
بوڑھے ہیں نا، جذبات کے پابند نہیں ہیں

خوابوں میں نکل جاتے ہیں ارمان ہمارے
ہم دن میں ملاقات کے پابند نہیں ہیں

بے وجہہ بھی آنکھوں میں اُمڈ آتے ہیں اکثر
سیلاب جو برسات کے پابند نہیں ہیں

حالات کی گردش رہی پابند ہماری
ہم گردشِ حالات کے پابند نہیں ہیں

جب وقت کے پابند نہیں آپ، تو ہم بھی
پابندیٔ اوقات کے پابند نہیں ہیں

ہم رندِ خرابات ہیں جو چاہے پئیں گے
ساقی کی ہدایات کے پابند نہیں ہیں

زنجیر لئے پاؤں میں پھرتے ہیں سرِ راہ
دیوانے حوالات کے پابند نہیں ہیں

حاکم نے کہا ہے کہ وہی حکم کو ٹالیں
جو مرگِ مفاجات کے پابند نہیں ہیں

مفہوم شبِ وصل کا سمجھایا تو بولے
ہم ایسی کسی رات کے پابند نہیں ہیں

یہ دورِ ترقی کا ہے ہم شرم و حیا کی
فرسودہ روایات کے پابند نہیں ہیں

ہم خواہ مخواہ پابند ہیں آتے ہوئے پل کے
گزرے ہوئے لمحات کے پابند نہیں ہیں

سر پہ چڑھا رکھا ہے

میں نے پوچھا کہ یہ کیا حال بنا رکھا ہے
نہ تو میک اپ ہے نہ بالوں کو سجا رکھا ہے

چھیڑتی رہتی ہیں اکثر لب و رخساروں کو
تم نے زلفوں کو بہت سر پہ چڑھا رکھا ہے

مسکراتے ہوئے اس نے یہ کہا شوخی سے
ایک دیوانے نے دیوانہ بنا رکھا ہے

جیب غائب ہے تو نیفہ ہے بٹن کے بدلے
تم نے پتلون کا پاجامہ بنا رکھا ہے

مشرقی رہن سہن چال و چلن مغرب کا
ہم نے تہذیب کا شیر خرمہ بنا رکھا ہے

گر صلہ دو گے مجھے میری وفاؤں کے عوض
مانگ لوں گا تمہیں، انعام میں کیا رکھا ہے

جو سبھی دیکھ چکے ہم وہ نہیں دیکھیں گے
وہ دکھاؤ ہمیں جو سب سے چھُپا رکھا ہے

ان کو اغیار محبّت سے لگاتے ہیں گلے
مجھ کو اپنوں نے بھی بے گانہ بنا رکھا ہے

زندگی موت کی تمہید ہے پر لوگوں نے
مختصر بات کا افسانہ بنا رکھا ہے

لوگ بھولیں نہ کبھی ایسا تخلّص رکھیئے
نام تو نام ہے بس نام میں کیا رکھا ہے

قافیے اور ردیفوں و تخلّص کے سوا
خواہ مخواہ آپ کے اشعار میں کیا رکھا ہے

پہلے تھی سو اب بھی ہے

ہمیشہ کی طرح تنگی جو پہلے تھی وہ اب بھی ہے
بدن پر اک پھٹی لنگی جو پہلے تھی سو اب بھی ہے

پریشانی سے سر کے بال تک سب جھڑ گئے لیکن
پرانی جیب میں کنگھی جو پہلے تھی سو اب بھی ہے

اِدھر میں کثرتِ اولاد سے لاغر، اِدھر اُن کی
زباں پر ترش نارنگی جو پہلے تھی سو اب بھی ہے

بنا ہیرو سے زیرو اور پھر نیتا تو کاندھے پر
وہی اک شال بے رنگی جو پہلے تھی سو اب بھی ہے

نہیں ہوتی تو اچھا تھا مگر فرقہ پرستوں میں
وہ یک جہتی، ہم آہنگی جو پہلے تھی سو اب بھی ہے

سیاست میں تعصّب کا دخل ہونے لگا جب سے
دلوں میں آگئی تنگی جو پہلے تھی سواب بھی ہے

جنہیں جنتا کی فکرِ عافیت میں گھل کے مرنا تھا
صحت ان کی بھلی چنگی جو پہلے تھی سواب بھی ہے

لباسِ مختصر میں بھی تن آسانی کے خواہاں ہیں
کریں کیا، آگئی ننگی جو پہلے تھی سواب بھی ہے

ضرورت امن کی دنیا میں پہلے سے زیادہ ہے
مگر قیمت بہت مہنگی جو پہلے تھی سواب بھی ہے

اہنسا کے پسِ پردہ، بہت زوروں پہ تیاری
امن کے نام پر جنگی جو پہلے تھی سواب بھی ہے

ہُوا ہے اور نہ ہوگا کچھ اثر مجھ پر ضعیفی کا
خیالوں میں یہ نیرنگی جو پہلے تھی سواب بھی ہے

زمانے کا چلن کیا پوچھتے ہو خواہ مخواہ مجھ سے
وہی رفتارِ بے ڈھنگی جو پہلے تھی سواب بھی ہے

آدمی کا

غمِ مسلسل کی اس تپش میں، کہ جسم جل جائے آدمی کا
ہنسی کی ہلکی پھوار بھی ہو، تو کام چل جائے آدمی کا

مزاح کی گر ذرا بھی حس ہے، ہنسی کو اور قہقہے کو چھوڑو
چمن میں گر پھول مسکرا دے تو دِل بہل جائے آدمی کا

مصیبتوں کا مقابلہ جو، ہمیشہ ہنستے ہوئے کرے گا
جو وقت مشکل ہے آنے والا تو وہ بھی ٹل جائے آدمی کا

کسی کو گرنے سے ٹوکنا مت درشت لہجے میں یاد رکھو
تبسّم آمیز ہو نصیحت، قدم سنبھل جائے آدمی کا

زمانہ اچھا گزر گیا تو، یہ دن بُرے بھی نہیں رہیں گے
"نہ ہو اگر یہ فریبِ پیہم تو دم نکل جائے آدمی کا"

گناہ گاروں اور عاصیوں کو عذابِ دوزخ سے واعظو تم
ڈراؤ بے شک مگر نہ اِتنا کہ دِل دہل جائے آدمی کا

عبادتوں کے معاوضے میں ملے گی جو عابدوں کو جنت
تم اس کا نقشہ کچھ ایسا کھینچو کہ دل پھسل جائے آدمی کا

نزع سے پہلے کرے جو توبہ وہ اپنی رحمت سے بخش دیگا
عجب نہیں کہ مرتے مرتے بھی، دل بدل جائے آدمی کا

یہ دورِ ملک اب کا آگیا ہے وہ حسن سادہ کہاں ملے اب
کہ جس کی بس اِک جھلک کو دیکھے تو دل مچل جائے آدمی کا

فضائے مسموم میں سانس لے کر کوئی جیا بھی تو کیا کریگا
ضعیف ہونے سے قبل ہی جب شباب ڈھل جائے آدمی کا

نہ اِتنی آسان شاعری ہو کہ جس کا مفہوم ہی نہ نکلے
نہ اِتنی مشکل کہ جس کو سن کر ذہن پگھل جائے آدمی کا

یہ زندگی خواہ مخواہ اتنی عذابِ جاں اور طویل بھی ہے
اگر نہ ہوں محفلیں ہنسی کی تو دم نکل جائے آدمی کا

اوڑھنا بچھونا ہے

کام عاشقوں کا بس صبح و شام رونا ہے
نیم گرم اشکوں سے دل کے زخم دھونا ہے

مل گئی فراغت جب صبح و شام رونے سے
پاؤں کو پسارے پھر ساری رات سونا ہے

جب وہ ساتھ تھیں میرے کیا خراب موسم تھا
وہ نہیں تو موسم بھی سانولا سلونا ہے

ایک پل میں پروانے جل کے راکھ ہوتے ہیں
شمع کو تو جلنا اور ساری رات رونا ہے

کوئی دستِ قدرت میں اپنی بے بسی دیکھے
جیسے ایک بچے کے ہاتھ میں کھلونا ہے

گل جہاں کو مہکانے قہقہوں کے پھولوں سے
بیج مسکراہٹ کے آج ہی سے بونا ہے

یہ بھی کوئی جینا ہے آدمی کا مرنے تک
ناپ تول کر ہنسنا بے حساب رونا ہے

زیست کے لبادے میں شوخ رنگ بھرنے کو
زندگی کے دھاگوں میں قہقہے پرونا ہے

آپ کو ہنساتے ہیں پر رُلا نہیں سکتے
ہم مزاح نگاروں کا بس یہی تو رونا ہے

خواہ مخواہ برسوں سے صرف اس پہ تکیہ تھا
اب تو شاعری میرا اوڑھنا بچھونا ہے

دی گئی ہے

ہمیں جو زندگانی دی گئی ہے
برائے مہربانی دی گئی ہے

سماعت چھین کر اہلِ خرد کی
ہمیں جادو بیانی دی گئی ہے

مجھے لکھنے کو اک اچھا سا عنواں
مری اپنی کہانی دی گئی ہے

جو راہِ حق میں جاں دیتے ہیں ان کو
حیاتِ جاودانی دی گئی ہے

مگر جو موت سے ڈرتے ہیں ان کو
وفاتِ ناگہانی دی گئی ہے

ضعیفی میں جوانی دی گئی ہے
گھڑی اک امتحانی دی گئی ہے

جوانوں کو جو تحفے میں ملی ہے
ہمیں وہ مُنہ زبانی دی گئی ہے

بدل دی ہے کسی نے شیروانی
نئی لے کر پُرانی دی گئی ہے

جوانوں کو مبارک ہو جوانی
ہمیں تو نوجوانی دی گئی ہے

لگائیں گے وہ آگ اب بھاشنوں سے
جنہیں جادو بیانی دی گئی ہے

دِوانہ خواہ مخواہ بنتا نہ کیسے
نِکاح میں اِک دِوانی دی گئی ہے

آنکھیں

لڑاؤ ہر کسی سے یوں نہ تُم بے ساختہ آنکھیں
کہیں بدنام نہ ہو جائیں شہرت یافتہ آنکھیں

مروّت، رحم اور شرم و حیا ان میں نہیں ہوتی
دکھانے کے لئے ہوتی ہیں جو خود ساختہ آنکھیں

کبھی خود بند ہو کر راہِ دل مسدُود کرتی ہیں
کبھی دیتی چلی جاتی ہیں دِل تک راستہ آنکھیں

کہیں فِتنہ گری سے ہیں سکون و چین کی دشمن
کہیں امن و اماں کی ہیں نشانی فاختہ آنکھیں

کبھی دل بھی تڑپتا ہے دُہائی دے کے آنکھوں کی
کبھی رو رو کے دے جاتی ہیں دل کا واسطہ آنکھیں

نہیں تابِ نظارہ اور جلوؤں کی تمنّا ہے
کہیں اندھی نہ ہو جائیں خدانخواستہ آنکھیں

چلا کچھ بھی نہ میرا زور جب اپنی ہی بیوی پر
دِکھاتا رہ گیا میں ہو کے دِل برداشتہ آنکھیں

نظر لگنے کا ڈر تھا اس لئے بھی خواہ مخواہ میں نے
ہٹالیں اُن کے رُخ سے بادِلِ ناخواستہ آنکھیں

حسینوں سے نگاہیں خواہ مخواہ تم کیوں لڑاتے ہو
کہیں کمزور نہ ہو جائیں پنشن یافتہ آنکھیں

پنشن یافتہ

نہ اب میں پیار کر سکتا ہوں اور نہ ڈانٹ سکتا ہوں
جو باقی رہ گئے ہیں دن انہیں بس کاٹ سکتا ہوں

جو مل جائے اسی پر اکتفا کرنا ہی پڑتا ہے
کوئی شئے اپنی مرضی سے نہ اب میں چھانٹ سکتا ہوں

ہوا ہوں جب سے پنشن یافتہ یہ حال ہے یارو
نہ کوئی قرض دیتا ہے نہ پنشن بانٹ سکتا ہوں

یہی کیا کم ہے خود مختار ہوں میں جب بھی جی چاہے
تمناؤں کے پر اڑنے سے پہلے کاٹ سکتا ہوں

میں اپنے وقت کے ہاتھوں میں ہوں جیسے چھٹی انگلی
نہ استعمال کر سکتا ہوں اور نہ کاٹ سکتا ہوں

غموں کی کھیر ٹیڑھی ہی نہیں گاڑھی بھی ہوتی ہے
نہ پی جاتی ہے یہ اور نہ اِسے میں چاٹ سکتا ہوں

اُڑا کر دیکھ لے کوئی پتنگیں اپنی شیخی کی
بلندی پر اگر ہوں بھی تو کتنے کاٹ سکتا ہوں

یہی توفیق کیا کم ہے کہ روتوں کو ہنسا کر میں
دُکھوں کا توجہ کم کرنے غموں کو بانٹ سکتا ہوں

خلیجِ بغض و نفرت گر دلوں میں ہو گئی پیدا
اسے میں خواہ مخواہ ہنستے ہنساتے پاٹ سکتا ہوں

جوانی بھی گئی

ساتھ بچپن کے جوانی بھی گئی
دورِ ماضی کی نشانی بھی گئی

ناتوانی کے سبب دِل سے مرے
آرزوے عقدِ ثانی بھی گئی

نوکری جس دن مری جاتی رہی
میرے گھر سے نوکرانی بھی گئی

لازم و ملزوم تھے وہ کس قدر
غم گیا تو شادمانی بھی گئی

جب ہوئی مفقود تہذیب لباس
تب سے قدرِ شیروانی بھی گئی

ان کے ہاتھوں مرتے مرتے رہ گئے
یوں حیاتِ جاودانی بھی گئی

ہم سے کیا چھوٹی صراطِ مستقیم
فتح نصرت کامرانی بھی گئی

پہلے تھوڑی سی توانائی بھی تھی
عاشقی میں ناتوانی بھی گئی

خواہ مخواہ مرتے ہی اُن کی دیکھنا
عادتِ ایذا رسانی بھی گئی

دَم نکلے

لکھا نے نام سچّے عاشقوں میں جب بھی ہم نکلے
اِرادوں میں ہمارے جانے کتنے پیچ و خم نکلے

یہ سوچا تھا کہ گھر سے بھاگ کر شادی رچائیں گے
مگر جب وقت آیا تو نہ وہ نکلیں نہ ہم نکلے

سُنا ہے راستے ہی میں پولس نے دھر لیا ان کو
ہمارے دل پہ جب کرنے کو وہ مشقِ ستم نکلے

دماغ ان کا تو دیکھا اور دل کی بھی تلاشی لی
کئی پستول نخروں کے کئی غصّے کے بم نکلے

جھگڑ کر جب کہا بیگم نے ہم سے گھر سے جانے کو
بہت بے آبرو ہو کر خود اپنے گھر سے ہم نکلے

جو ہوتا اور کوئی تو نکل جاتا وہ غصے میں
مگر ہم بادلِ ناخواستہ باچشمِ نم نکلے

ہمارا حوصلہ تو دیکھئے کہ لنچ کھاتے ہی
نہیں لوٹیں گے اب ہم شام تک کھا کر قسم نکلے

مگر جب شام سے پہلے ہی بھوکے پیٹ لوٹ آئے
وہ طعنہ دے کے بولیں "آپ تو ثابت قدم نکلے"

زمانے کے ستائے ہیں جو لوگوں کو ہنساتے ہیں
کُریدا جب بھی دل ان کا ہزاروں غم ہی غم نکلے

کرم کی بات ہے میرے گنہ، اعمال نامے میں
یہ سوچا تھا بہت ہوں گے مگر دیکھا تو کم نکلے

بڑھاپے میں بھی میری خواہ مخواہ ہے آخری خواہش
ہوں گھر میں بیویاں اتنی کہ ہر بیوی پہ دم نکلے

اور ہے

جو سُنی تم نے کہانی اور ہے
جو سُنانا ہے زبانی اور ہے

ہو تمنّائے جوانی بھی مگر
آرزوئے نوجوانی اور ہے

ہاتھ دیکھا تو نجومی نے کہا
ان لکیروں کی کہانی اور ہے

میں نے جب پوچھا "ضعیفی کے سوا
کیا گھڑی اِک امتحانی اور ہے؟"

وہ یہ بولا ایک بیوی ہے سو ہے
لیکن اس پر عقدِ ثانی اور ہے

میں نے پوچھا آزمائش کی گھڑی
ماسوائے عقدِ ثانی اور ہے؟

ہنس کے بولا" دوسری شادی کے بعد"
اِک نکاحِ ناگہانی اور ہے"

میرا اندازِ بیاں بس ٹھیک ہے
آپ کی شعلہ بیانی اور ہے

خواہ مخواہ بوڑھا ہوا تو ہے مگر
وجہہِ ضعف و ناتوانی اور ہے

چل نہیں سکتی

سیاست میں کبھی فرقہ پرستی چل نہیں سکتی
ہوا سوراخ پینیدے میں تو کشتی چل نہیں سکتی

ہمارے بیچ ہیں اب دشمنِ انسانیت اتنے
زمیں پر اب فلک کی چیرہ دستی چل نہیں سکتی

پریشانی - بدامنی اور مہنگائی کی حالت میں
حکومت چل تو سکتی ہے گرہستی چل نہیں سکتی

بڑھاؤں دام اپنے کیوں نہ میں ایسی گرانی میں
چلن جب ہے کہ کوئی چیز سستی چل نہیں سکتی

کہا نیتا نے بھوک ہڑتال کر کے دوسرے ہی دن
اب اس سے آگے میری فاقہ مستی چل نہیں سکتی

نشہ اب کیا چڑھے ساقی نے جھٹ کہہ دیا مُنہ پر
یہاں حد سے زیادہ بادہ مستی چل نہیں سکتی

یہ سُن لو خواہ مخواہ جب ساٹھ سے ہو جاؤ گے اوپر
محبت چل بھی جائے تندرستی چل نہیں سکتی

باتیں کی ہیں

غم سے فرصت جو ملی پیار کی باتیں کی ہیں
زخم دیئے جس نے اُسی یار کی باتیں کی ہیں

دوستوں ہی سے نہیں ہم نے ہمیشہ یارو
دشمنوں سے بھی سدا پیار کی باتیں کی ہیں

جاگتے حسن سے مرعوب ہوئے ہیں اتنے
نیند میں بھی لب و رخسار کی باتیں کی ہیں

ہو کے مایوس تری دید سے دیوانوں نے
آخری وقت بھی دیدار کی باتیں کی ہیں

آبلہ پا ہیں مگر ہم سفروں سے ہم نے
حوصلہ دیکھئے رفتار کی باتیں کی ہیں

آ گئی ان کی طبیعت میں بلا کی شوخی
اُن سے جب شوخیِ گفتار کی باتیں کی ہیں

تم کو جی بھر کے ستانے کی غرض سے ہم نے
ہم کو اقرار ہے انکار کی باتیں کی ہیں

کبھی پھولوں سے ہوئیں ہم سے خزاں کی باتیں
موسم گُل سے کبھی خار کی باتیں کی ہیں

مجھ سے ناراض نہ ہو اتنا بتا دو تم نے
کیا کسی سے بھی کبھی پیار کی باتیں کی ہیں

عقدِ اوّل ہی جنہیں راس نہیں آیا ہے
ایک دو تین نہیں چار کی باتیں کی ہیں

آپ ہی کہیے کہ اشعار سُنانے کے سِوا
خواہ مخواہ نے کبھی بے کار کی باتیں کی ہیں

نہ دیکھو

دُکھے گا اور میرا من نہ دیکھو
بڑھے گی اور بھی اُلجھن نہ دیکھو

ہنستا تا ہوں سبھوں کو بس یہ دیکھو
مرا بھیگا ہوا دامن نہ دیکھو

تم اپنے چاک دامن کی خبر لو
مرا بوسیدہ پیراہن نہ دیکھو

خود اپنے آپ سے ڈر جاؤ گے تم
اندھیرے میں کبھی درپن نہ دیکھو

نہ حرف آئے کہیں مردانگی پر
بری نظروں سے حسنِ زن نہ دیکھو

اگر ہے حُسن بے پردہ تو دیکھو
مگر تم جانبِ ناخن نہ دیکھو

صحیح دیکھو تو آنکھیں بند کر لو
جو ہوتی ہے کبھی تزئین نہ دیکھو

فقط تنقید ہی کرنے کی خاطر
نظر والو کسی کا فن نہ دیکھو

کسی بیگم کی دختر بیاہ لاؤ
شرافت دیکھو اس کا دھن نہ دیکھو

یہ دیکھو گھر میں دیواریں ہیں چھت ہے
بڑا چھوٹا کبھی آنگن نہ دیکھو

ابھی سب زخم تازہ اور ہرے ہیں
ابھی تم خواہ مخواہ ناخن نہ دیکھو

نقلی ناک

میں اُن میں سے نہیں جن کی نظر چالاک ہوتی ہے
مگر جو بات کہتا ہوں بہت بے باک ہوتی ہے

مسلسل گر چھینک بھی دے گر کوئی کیا فرق پڑتا ہے
کلی کھِلنے سے پہلے ہی گریباں چاک ہوتی ہے

خدا جانے حسینوں کی سمجھ میں کیوں نہیں آتا
جوانی کو سنوارو لاکھ اِک دن خاک ہوتی ہے

ذرا سوچیں یہی وہ زندگی ہے جس پہ مرتے تھے
جو جلتی ہے چِتا میں یا خس و خاشاک ہوتی ہے

بھلے شائع نہ ہو لیکن خوشی کی حد نہیں ہوتی
وہ دن جب شاعری میری سپردِ ڈاک ہوتی ہے

کچھ ایسے بھی ہیں برساتی سیاستدان بھارت میں
دِلوں میں صرف کمزوروں کے جن کی ڈھاک ہوتی ہے

وہ چُپ رہتے ہیں مینڈک کی طرح سرما و گرما میں
مگر برسات میں آواز حیرتناک ہوتی ہے

کٹی ہوتی ہے پہلے سے مگر کٹنے سے ڈرتے ہیں
نظر آتی ہے جو چہرے پہ نقلی ناک ہوتی ہے

کسی بھی حادثے میں دیش کے مشہور نیتا کی
خبر جاں سے گزر جانے کی وحشت ناک ہوتی ہے

اجل جب آہی جاتی ہے تو جاں لے کر ہی ٹلتی ہے
کوئی مہلت نہیں دیتی بڑی سفّاک ہوتی ہے

یہ سچ ہے جب گناہوں سے زمیں ناپاک ہوتی ہے
کسی مشہور ہستی کے لہو سے پاک ہوتی ہے

جو نیتا خواہ مخواہ ایسی سیاسی موت مرتے ہیں
امر ہوتے ہیں لیکن موت عبرتناک ہوتی ہے

حصّۂ نظم

منظوم خطبۂ صدارت جشنِ مُرشد شولاپوری

عزیزو، دوستو یہ محفلِ طنز و ظرافت ہے
یہاں سب سننے والوں کا تہہ دل سے سواگت ہے
گلے میں خواہ مخواہ جو پڑ گیا طوقِ صدارت ہے
یہ سب احبابِ بزمِ شعر و نغمہ کی شرارت ہے

مجھے دھوکے سے بُلوایا کہ میری آج دعوت ہے
مگر دعوت کے در پردہ صریحاً یہ عداوت ہے
بظاہر دیکھنے میں جشنِ مرشد کی صدارت ہے
مگر میرے لئے پُرسہ بہ اندازِ عیادت ہے

صدارت پیش کی احباب نے ان کی شرافت ہے
کسی قابل نہیں ہوں میں، مجھے بے حد ندامت ہے
صدارت کی قبولیت میری تازہ حماقت ہے
مجھے لگ ہی رہا تھا آج جیسے میری شامت ہے

ظرافت اک ہنر ہے اور پھکڑ پن جہالت ہے
یہ فن آساں نہیں ہے سخت محتاجِ ریاضت ہے
سمجھ کر جو ہنسے وہ صاحبِ فہم و فراست ہے
وہ کیا کھل کر ہنسیں گے جن کی فطرت میں بخالت ہے

فسردہ دل کے ماروں کی یہ افسردہ ذہانت ہے
ہمیشہ غم زدہ رہنا سمجھتے ہیں دیانت ہے
ہنسی کو سینت کر رکھتے ہیں جیسے اک امانت ہے
ذرا سی مسکراہٹ بھی امانت میں خیانت ہے

کبھی جو بھول کر ہنس دیں تو یہ اُن کی سخاوت ہے
انہیں لگتا ہے جیسے ہنسنے والوں سے عداوت ہے
ہمارے دِل سے پوچھو قہقہوں میں جو حلاوت ہے
ہمارا دِل نہیں ہے مست ہاتھی کا مہاوت ہے

مسرت بانٹتے ہیں ہم ہمیں زُعمِ امارت ہے
غمِ پنہاں بھی پڑھ لیتے ہیں کچھ ایسی بصارت ہے
نہاں خانے میں دل کے جو ظرافت کی حرارت ہے
ہمارے ہنستے ہنستے جان دینے کی بشارت ہے

نہ جانے اس میں کتنا جھوٹ ہے کتنی صداقت ہے
سُنا ہے ہم نے لوگوں سے کہ جینا ایک آفت ہے
غم و آلام سے اپنی بھی دیرینہ رفاقت ہے
دکھوں کو ہنستے ہنستے جھیلنے کی ہم میں طاقت ہے

صدارت جشنِ مرشد کی قیامت در قیامت ہے
اٹھائے پھر رہا ہوں سر پہ جو بارِ امانت ہے
خدا کا شکر ہے گردن مری اب تک سلامت ہے
مجھے لگتا ہے جیسے یہ بھی مرشد کی کرامت ہے

لیڈر کا اسٹیچو

جو طاقت اور حکومت کے نشے میں چور رہتا ہے ٭ وہ نیتا ہو کے بھی سب کے دلوں سے دور رہتا ہے
عوامی مسئلوں سے کوئی دلچسپی نہیں لیتا ٭ وہ چمڑی سب کی لیتا ہے مگر دمڑی نہیں دیتا
بلا سے اس کی مہنگائی اگر بڑھتی ہے بڑھ جائے ٭ وہ کیوں سکھ اپنا چھوڑے اور ان دکھڑوں میں پڑ جائے
وہ ہوگا اور کوئی سب کا دکھ جو بانٹ لیتا ہے ٭ یہ لیڈر اپنے سارے دکھ سبھوں میں بانٹ دیتا ہے
یہ ہے وہ جب تلک زندہ زمانہ اس کو روتا ہے ٭ بس اک وہ جاگتا ہے اور نصیبہ سب کا سوتا ہے
مگر کچھ اس کے اپنے چاہنے والے بھی ہوتے ہیں ٭ جو مر جانے پہ اس کو یاد کرتے اور روتے ہیں
بہا دینا تھا بعد از مرگ سوکھی نہر میں جس کو ٭ بہ شکلِ بت کھڑا کرتے ہیں قلبِ شہر میں اس کو
یہ قصہ ایسے لیڈر کا ہے جو ویسے تو زندہ ہے ٭ مگر آفت کا مارا ہے بہت ہی نیک بندہ ہے
اسی لیڈر کا اسٹیچو شہر میں نصب ہونا تھا ٭ مگر مرنے سے پہلے اس کو کچھ دن اور جینا تھا
بہی خواہوں نے مل جل کر بنائی اک کمیٹی بھی ٭ تھی ممبر اس کمیٹی کی اسی لیڈر کی پتنی بھی
سنا جیسا تھا لوگوں سے کہ اللہ دے تو لے بندہ ٭ جمع کر ہی لیا تھا سب نے مل کر ڈھیر سا چندہ
مگر لیڈر کا پتلا اس کے جیتے جی کھڑا کرنا ٭ یہ ایسا تھا کہ اس پر زندگی میں فاتحہ پڑھنا
خبر سننے کو سب بیتاب تھے بس اس کے مرنے کی ٭ قسم اس نے بھی جیسے کھائی تھی اپنے نہ مرنے کی
بہت دن ہو گئے جب ڈھیر سے پیسے جمع ہو کر ٭ کہا لیڈر کی پتنی نے یہ لیڈر سے خفا ہو کر
سنیں جی! آپ کی اس زندگی کا مدعا کیا ہے ٭ یہ جینا اک فریبِ زندگانی کے سوا کیا ہے

گزاری عمر اک بُت کی طرح خاموش ہی رہ کر ٭ گرا نہ ایک بھی آنسو کا قطرہ آنکھ سے بہہ کر
بہت دن جی لئے اب ایسے جینے میں مزہ کیا ہے ٭ کہ اس سے موت اچھی ہے بھلا اس میں رہا کیا ہے
ذرا سی بات ہے گھبرائیے مت جی کڑا کیجئے ٭ بس اب اک بار کوشش کیجئے مر کر دکھا دیجے
مرینگے آپ، تو بس آپ ہی کا فائدہ ہوگا ٭ کم از کم کچھ نہیں تو آپ کا پُتلا کھڑا ہوگا
ہوا معلوم جب لیڈر کو یہ پتنی کی خواہش ہے ٭ خیال آیا کہ شاید یہ بھی وقتِ آزمائش ہے
مخالف پارٹی کی مہربانی اور نوازش ہے ٭ بہت ممکن ہے شاید یہ کوئی بیرونی سازش ہے
بہت سنجیدگی سے یوں کہا لیڈر نے پتنی سے ٭ مرا ملنا ضروری ہے بہت صدرِ کمیٹی سے
جناب صدر سے مل کر کہا با چشمِ تر سُنیئے ٭ برائے مہربانی بات میری غور سے سنیئے
میں دل سے معترف ہوں آپکی داد و نوازش کا ٭ مگر انسان بھی ہوں اسلئے بندہ ہوں خواہش کا
مرے بارے میں جو سوچا ہے سب نے اس پہ نازاں ہوں ٭ مگر میں اپنے دل کی بات بھی کہنے کا خواہاں ہوں
جواں بیٹی ہے میری جس کا مجھ کو بیاہ کرنا ہے ٭ مجھے اس سلسلے میں آپ سے کچھ بات کرنا ہے
سنا ہے بعد مرنے کے مرے اک بت کھڑا ہوگا ٭ اگر یہ زندگی میں ہوگیا تو کیا بُرا ہوگا
جنہوں نے دے دیا چندہ نہیں وہ اب ٹھہرنے کے ٭ بڑی شدّت سے وہ سب منتظر ہیں میرے مرنے کے
مریں دشمن مرے میں کیوں مروں بتلائیے مجھ کو ٭ کوئی معقول وجہہ ہو اگر سمجھائیے مجھ کو
سمے مرنے کا میرے ویسے بھی نزدیک لگتا ہے ٭ کسی کی بے وجہہ یوں جان لینا ٹھیک لگتا ہے؟
میں اپنی لاڈلی کا بیاہ نہ جب تک رچاؤں گا ٭ کوئی کچھ بھی کہے ہرگز نہ اس دُنیا سے جاؤں گا
اجل گر آ بھی جائے تو اسے رو کر منا لوں گا ٭ بیاہ کے بعد بعد آنے پر اسے راضی کرا لوں گا
مری شہرت اگر ہوگی تو میرے جیتے جی ہوگی ٭ مرے کس کام کی شہرت جو میرے بعد ہی ہوگی
مرا پُتلا کھڑا کرنا اگر اتنا ضروری ہے ٭ تو اک پتلے کی خاطر کیا مرا مرنا ضروری ہے
خدارا زندگی سے یوں مجھے محروم نہ کیجے ٭ بہت خواہش ہے جینے کی ابھی مرحوم نہ کیجے

مرا اک مشورہ ہے آپ سُن لیں تو بھلا ہو گا ؞ اگر اس پر عمل بھی ہو تو سب کا فائدہ ہو گا
رقم جتنی بھی جمع ہو گئی مجھ کو دلا دیجے ؞ کہاں پر نصب ہو گا بُت مرا مجھ کو بتا دیجے
میں اسٹیچو کی طرح خود کھڑا ہو جاؤں گا جا کر ؞ یہ وعدہ ہے وہاں سے نہ ہٹوں گا تا دمِ آخر
کڑی ہو دھوپ یا ہو تیز بارش سب سہوں گا میں ؞ نہ منہ سے آہ نکلے گی کبھی نہ اُف کروں گا میں
نہ کر پایا اگر میں ہاتھ پیلے اپنی بیٹی کے ؞ کُھلیں گے پھر کبھی نہ بھاگ اس قسمت کی ہیٹی کے
میں پھر جی کر کروں گا کیا مجھے اتنا بتا دینا ؞ جو یہ نہ ہو سکا تو پھر مجھے زندہ جلا دینا
عزیزو جب کسی لیڈر کا اسٹیچو دکھائی دے ؞ اسے نزدیک سے بھی دیکھ لینا گر سُجھائی دے
جو بُت بن کر کھڑا ہے کیا حقیقت میں وہ پتھر ہے ؞ یا پھر تقدیر کا مارا کوئی سچ مچ کا لیڈر ہے
سبق سیکھیں گے اس قصّے سے وہ جو ظرف رکھتے ہیں ؞ وہ ہر اچھے سبق کا یاد اک اک حرف رکھتے ہیں
جو سن کر ٹال دیں وہ خواہ مخواہ حیوان ہیں سمجھو ؞ دکھائی دیتے ہیں سادھو مگر شیطان ہیں سمجھو

چار سو سالہ حیدرآبادی تہذیب کے جشن کے موقع پر

خواب ہے اور نہ کہانی ہے ہماری تہذیب ✽ نہ تو ٹھہرا ہوا پانی ہے ہماری تہذیب

لے چلے ساتھ بہا کے سبھی تہذیبوں کو ✽ ایسے دریا کی روانی ہے ہماری تہذیب

بزرگوں نے اسے خوں دے کے جلا بخشی ہے ✽ عہدِ زرّیں کی نشانی ہے ہماری تہذیب

اجنبی دیس کے تپتے ہوئے صحراؤں میں ✽ جیسے اک شام سہانی ہے ہماری تہذیب

ہیں زمانے کی روایات اسی کے دم سے ✽ وقت کی 'بال کمانی' ہے ہماری تہذیب

جو دِوانے کو بھی ہشیار بنا دیتی ہے ✽ ایسی ہشیار دِوانی ہے ہماری تہذیب

دورِ ماضی میں بُرے اور بھلے وقتوں کی ✽ جیسے اِک یاد دہانی ہے ہماری تہذیب

بوڑھی لگتی ہیں اسے دیکھ کے سب تہذیبیں ✽ نئی دولہن کی جوانی ہے ہماری تہذیب

دن کے اوقات میں پھرتی ہے بنی شہزادی ✽ رات میں رات کی رانی ہے ہماری تہذیب

ادھ کھلے پھول کی مانند لگے ہے تازہ ✽ نہ نئی ہے نہ پرانی ہے ہماری تہذیب

شاعری اور ادب کے ہیں خزانے اس میں ✽ بحرِ الفاظ و معانی ہے ہماری تہذیب

نثر کا جیسے جبیں پر ہے درخشاں عنوان ✽ شعر کا مصرعۂ ثانی ہے ہماری تہذیب

اپنے پیغامِ محبت کے سبب دنیا میں ✽ امنِ عالم کی نشانی ہے ہماری تہذیب

آج کی کھوکھلی تہذیب کی مانند نہیں ✽ چار سو سال پرانی ہے ہماری تہذیب

ختم ہوگی نہ کبھی خواہ مخواہ سنتے رہیئے ✽ وہ پُراسرار کہانی ہے ہماری تہذیب

ایک غریب شاعر کی موت پر

لمحوں میں زندگی کا سفر یوں گزر گیا
سایے میں جیسے کوئی مسافر ٹھہر گیا

مخمور تھا نشے میں غمِ روزگار کے
ہوش آگیا تو عمر کا پیمانہ بھر گیا

دولت بھی اس کے ہاتھ نہ آئی تمام عمر
کچھ نام ہی نہ اپنا زمانے میں کر گیا

سب اس کے خیر خواہ بلندی پہ رہ گئے
شہرت کی سیڑھیوں سے وہ نیچے اُتر گیا

موقعہ پرست آب و ہوا میں نہ جی سکا
اپنی اَنا کی قید میں جاں سے گزر گیا

موت اس کی ساری مشکلیں آسان کر گئی
اک بوجھ زندگی کا تھا سر سے اُتر گیا

افسوس کم ہوا مگر حیرت بہت ہوئی
جب خواہؔ مخواہ عین ضعیفی میں مر گیا

زندہ شاعر سرور ڈنڈا

منظوم خراجِ عقیدت

لیڈر و! (قاتلوں کا ان) دلوں زوروں پہ دھندہ ہے
شہر میں رہ کے بھی انسان جانے کیوں درندہ ہے
چمن زارِ وطن کا اس قدر ماحول گندہ ہے
مقیدِ آشیانے میں ظرافت کا پرندہ ہے

یہ وقتِ جاں کنی ہے آدمی مردہ نہ زندہ ہے
اسی باعث مزاح و طنز کا بازار مندہ ہے
چلو ہنس لیں ہنسا لیں جب تلک یہ رات زندہ ہے
کہ یہ شب ایسے شاعر کی ہے جو مر کر بھی زندہ ہے

نہ شاہی ٹھاٹھ تھے نہ طالبِ مرغی و انڈا تھے
ہمیشہ ہی ظرافت کا لئے ہاتھوں میں جھنڈا تھے
رہے جب تک وہ زندہ بے نیازِ پروپیگنڈہ تھے
سبھی ہم عصر شعرا اگیاں تھے اور وہ ڈنڈا تھے

مزاح و طنز کے مابین اک انمول رشتہ تھے
لطائف ان کے برجستہ تھے اور اشعار شستہ تھے
وہ جیتا جاگتا دکنی صحیفہ اور نوشتہ تھے
جو سچ پوچھو تو وہ اک آدمی جیسا فرشتہ تھے

نظر میں تول لیتے تھے آنکھ ہی میزان تھی اُن کی
محبّت جان تھی اور دوستی ایمان تھی اُن کی
سلیس اردو سے بے حد جان اور پہچان تھی اُن کی
دمِ آخر بھی بس دکنی زباں میں جان تھی اُن کی

وہ رکھتے تھے یدِ طولیٰ فصاحت اور بلاغت میں
پرو دیتے تھے موتی اپنی تحریر و عبارت میں
ملاتے تھے زمیں کو آسمانوں سے ظرافت میں
چڑھی پروان دکنی شاعری ان کی قیادت میں

کئی اسرار بھی وابستہ ان کی چشمِ نم سے تھے
محبت بھی ہمیں سے تھی گلے شکوے بھی ہم سے تھے
خوشی میں سب کی خوش تھے اور پریشاں سب کے غم سے تھے
تھی دکنی اُن کے دم سے اور وہ دکنی کے دم سے تھے

وہ محنت کش کسانوں اور مزدوروں کے شاعر تھے
زمانے بھر کے محتاج اور مجبوروں کے شاعر تھے
وہ دُکھتی رگ پہ اپنا ہاتھ رکھ دینے میں ماہر تھے
ظرافت کے ہنر جتنے بھی تھے سب اُن پہ ظاہر تھے

ترنّم سے کبھی رُوٹھی حسینہ کو مناتے تھے
کبھی تو لوریاں گاکر وہ سوتوں کو جگاتے تھے
کبھی پہلے ہی مطلع میں وہ روتوں کو ہنساتے تھے
کبھی مقطع میں وہ اپنے تخلّص سے ڈراتے تھے

کبھی تو چٹکیاں لے کر وہ پل بھر کو ہنساتے تھے
کبھی طنز و مزاح کی اُنگلیوں سے گدگداتے تھے
ہنسی کے نت نئے رنگین فوّارے اُڑاتے تھے
تخلّص ہی کچھ ایسا تھا جہاں چاہے اُڑاتے تھے

معطّر کر گئے اپنی ظرافت سے بہاروں کو
دیا ہے خونِ دل اپنا سخن کے لالہ زاروں کو
مزاح کی سمت موڑا شاعری کے تیز دھاروں کو
بلندی بخش دی طنز و ظرافت کے مناروں کو

مجھے طنز و ظرافت کے بھنور میں جب ڈھکیلا تھا
کنارے سے بہت ہی دور کشتی میں اکیلا تھا
سمجھ کر شعر لکھنا اور پڑھنا اک جھمیلہ تھا
انھوں نے راہ دکھلائی تو آگے ایک میلہ تھا

ہمیشہ دل میں رہتی چاہیئے اک فکر ڈنڈے کی
مگر برسی کے دن ہوتی ہے ہم سے قدر ڈنڈے کی
ملے نہ خواہ مخواہ مجھ کو سزا بالجبر ڈنڈے کی
اسی ڈر سے کیے اشعار میں نے نذر ڈنڈے کی

اگر کرنے پہ آجائے تو وہ کیا کر نہیں سکتا
ہے جس کے دل میں عزمِ زندگی وہ مر نہیں سکتا
جو مُردہ دل ہے، دل میں گھر کسی کے کر نہیں سکتا
جو سب کے دل میں زندہ ہے وہ شاعر مر نہیں سکتا

امریکہ (منظوم تاثر)

ہیلو انڈیا ہائے امریکہ !!
تجھے فلموں میں جب بھی دیکھتا تھا
عجب حیرت سی ہوتی تھی میں اکثر سوچتا تھا
کبھی ایسا بھی ہوگا
ہواؤں میں تری میں سانس لوں گا
تجھے چھوکر بھی دیکھوں گا
بالآخر آگیا وہ دِن
فضا میں اُڑ کے آپہنچا میں تیری سرزمیں پر
تو دیکھا
تو اُس امریکہ سے بہتر ہے
جسے فلموں میں دیکھا تھا
تجھے قدرت نے فیاضی سے
ہر نعمت عطا کی ہے
یہ اونچے رنگ برنگے پیڑ
نشیبوں اور فرازوں پر بھی ہے

سبز رنگ کی مخملی قالین
کمالِ احتیاط اتنا
کسی ٹورسٹ کو مٹّی نظر آنے نہ پائے
زمیں کے کینوس پر
جیسے قدرت نے
خود اپنے ہاتھ سے پینٹنگ بنائی ہے
یہ چورا ہے یہ پُل
اِک اُس کے نیچے پُل
پھر اُس کے نیچے اور اِک پُل
کشادہ تیرے سینے پر
سلیقے اور صفائی سے بکھری لمبی سڑکیں
کہ جیسے جسم میں
شریانیں فاسد خون کی پھیلی ہوئی ہیں
سڑک پر اک بھکاری بھی نظر آیا نہ مجھ کو
تو دیکھا
یہاں خیرات دینے اور لینے کے طریقے بھی الوکھے ہیں
حکومت نے بنا رکھے ہیں کیبن شاہ راہوں پر
جہاں خیرات کی شرحیں مقرّر ہیں

جہاں چہروں پہ اپنے
اِک مشینی مسکراہٹ کو بکھیرے
مرد و زن
سبھی موٹر نشینوں سے
کبھی ڈالر کبھی کچھ ریزگاری مانگ لیتے ہیں
طلب کرنے پر
اس خیرات کی پرچی بھی دیتے ہیں
کہیں کشکول کی صورت
مشینیں بھی کھڑی ہیں
جو مطلوبہ شرح سے
ایک سکہ کم نہیں لیتیں
نہ دیں گر آپ تو
وہ اک قدم بڑھنے نہیں دیتیں

فلک بوسی پہ مائل
اونچی اونچی بلڈنگیں ایسی
بلندی دیکھ کر جن کی
مری لوپی گری سر سے

یہاں کے حکمراں
اِن بلڈنگوں میں چین سے بیٹھے
مچا کر ایک عالم میں تباہی
سکوں سے جی رہے ہیں

مگر اک بات یہ بھی ہے
پسِ پردہ سکوں کے
ایک بے چینی ہے پوشیدہ
یہاں ہر شخص قیدی سا نظر آیا
مقید ہے جو اپنے ہی مکاں میں
مِرے کچھ دوست رشتہ دار بھی ہیں
جو عرصے سے یہاں پر آ بسے ہیں
بظاہر
سب کو آئینہ مسرت کا دکھاتے ہیں
مگر
مصروفیت کے جال میں جکڑے ہوئے ہیں
گلے ملتے ہیں سب سے
مُسکراتے ہیں

خوش اسلوبی سے لیکن
کربِ ہجرت کا چھپاتے ہیں
یہ برسوں بعد بھی
اپنے وطن یوں لوٹتے ہیں
ضمانت پر رہا ہو کر
کوئی آتا ہو جیسے
بہت کم دن وطن میں ٹھہرتے ہیں
یہ پھر آزردہ خاطر لوٹتے ہیں

یہاں بیمار ہو جانے سے پہلے
سُنا ہے
لوگ اکثر سوچتے ہیں
وہ آخر کس مرض میں مبتلا ہوں
کہ جس کا ڈاکٹر کم خرچ میں کر دے مداوا
کہیں 'لے آف' کی تلوار
گر جائے نہ سر پر
اسی ڈر سے وہ آٹھوں پہر
نہ جیتے ہیں نہ مرتے ہیں

مکاں میں
ایک دن آرام کرنے سے بھی ڈرتے ہیں

میں اک گمنام شاعر ہوں
محبّت چاہنے والوں کی
مجھ کو کھینچ لائی ہے
جو ہوتا میں کوئی مشہور و معروف شاعر
مزے مئےنوشیوں کے بے تحاشہ لوٹ لیتا
محبّت کی جگہ ڈالر سمیٹے
میں ہنستا گنگناتا لوٹ جاتا

مگر میں اک مُسافر کی طرح ہوں
گزاروں گا یہاں یوں چند راتیں اور کچھ دِن
کسی بیوہ کو جیسے
دُوسری شادی سے پہلے
بِتانے چاہئیں عِدّت کے کُچھ دِن
زیادہ دن یہاں مَیں رہ نہیں سکتا
کہ مَیں عادی ہوں زہریلی ہوا میں سانس لینے کا

یہاں کی صاف اور ستھری ہوا میں
گھُٹا جاتا ہے دم میرا
سلام خواہ مخواہ لے ارضِ امریکہ
چلا میں
کہ میں جس ملک سے آیا ہوں
وہ سب کچھ ہے میرا
مجھے لگتا ہے سرگوشی میں جیسے
مرے کانوں میں کوی کہہ رہا ہے

یہاں سب ہے
مگر کچھ بھی نہیں ہے
وہاں کچھ بھی نہیں ہے
اور سب ہے

دکنی شاعری

قطعات

جو مل جاتی ہے دولت سے وہ شہرت راس نئیں آتی
ہوے بدنام تو پھر نیک نامی پاس نئیں آتی
یہ شعر و شاعری بھی خواہ مخواہ شادی کے جیسی ہے
کسی کو راس آتی ہے کسی کو راس نئیں آتی

جو دِکھانے کے لئے ہوتی وہ کاماں مت کرو
کیا دیتیں کس کو دیتیں بے کار باتاں مت کرو
بھول سے گر ہو گئی نیکی تو فوراً بھول جاؤ
کر دیئے خیرات تو پھر تم حساباں مت کرو

ہے خبر گرم اُن کے آنے کی
گت بنی ہے دیوان خانے کی
خواہ مخواہ پھٹ کو ہو گئی چندیاں
ایک شطرنجی تھی بچھانے کی

میں ہوں دیئے کے جیسا اک جوت کو ترس رَؤں
بیوی کے واسطے میں اک سوت کو ترس رَؤں
شادی کے بعد میرا یہ حال ہوگیا ہے
آبِ حیات پی لے کو موت کو ترس رَؤں

بھیگی ہے بارُود تو اس سے ہرگز فائر نئیں ہوتا
ہر فن مولا ایک بھی فن میں پکّا ماہر نئیں ہوتا
خواہ مخواہ یہ راز ہے ایسا سب پو ظاہر نئیں ہوتا
شاعر شوہر ہو سکتا ہے شوہر شاعر نئیں ہوتا

سب سے کم آواز میں بولو کبھی نہ اونچی بات کرو
بول کبھی کڑوا مت بولو سب سے میٹھی بات کرو
اپنی خوشیاں داؤ پو رکھ کو سب کے غم کو مات کرو
گڑ گڑ نئیں دیتے تو گڑ کے جیسی بات کرو

بے گناہوں اور معصوموں کو سُولی پو چڑھائے
قید خانے سے اُچکّوں اور چوروں کو چُھڑائے
دیش بھگتوں کی ترقی کچھ نہ پوچھو خواہ مخواہ
گولیوں سے ماں کو مارے بم سے بیٹے کو اُڑائے

رکھ لیئو

یا تو اپنے مکان میں رکھ لیئو
یا سجا کو دوکان میں رکھ لیئو

اُلٹے انتڑیاں گلے میں پڑ جئیں گے
میری یہ بات دھیان میں رکھ لیئو

زنگ لگ لگ کو مُنڈ ہو گئی ہے
اپنی تلوار میان میں رکھ لیئو

گھوڑے خچّر تو رکھ لیئیں پن کی
اونٹ بھی کاروان میں رکھ لیئو

سارے لوگاں مُرید ہو جئیں گے
خوش کلامی زبان میں رکھ لیئو

کام آجائیں گا کبھی نہ کبھی
خواہ مخواہ کو بھی دھیان میں رکھ لیئو

مُرس لیتوں

کبھی قطرے کو بھی ترس لیتوں
بن کو بادل کبھی برس لیتوں

صرف صیاد کی خوشی کے لئے
آشیاں کے عوض قفس لیتوں

اپنی صورت پو اتّا عاشق ہوں
آئینہ دیکھتوں مُرس لیتوں

غم، پریشانی اور فکروں کو
کونے میں ڈال کر گھُس لیتوں

بہت رونا ہے زندگانی میں
موقع ملتیچ تھوڑا ہنس لیتوں

آکو طنز و مزاح کی محفل میں
یار لوگوں سے اپنے گھس لیتوں

پہلے روتا تھا اپنے حال کو میں
اب تو اپنے کو آپ ہنس لیتوں

چار دن خواہ مخواہ کا جینا ہے
اس میں دو تین روز ہنس لیتوں

جوان ہورئوں میں

ان کے گھر میہمان ہورئوں میں
تھا زمین آسمان ہورئوں میں

جن کے وہم و گمان میں نئیں تھا
ان کا نام و نشان ہورئوں میں

پہلے اندر بھی نئیں بلاتے تھے
اب تو محفل کی جان ہورئوں میں

روگ جب سے لگا ہے شادی کا
دِن بہ دِن ناتواں ہورئوں میں

بال کالے خضاب سے کرکو
پھر شروع سے جوان ہورئوں میں

آئینہ دیکھ کو ہے خود حیران
توبہ، کِتّا جوان ہورئیں میں

خواہ مخواہ شک ہے ان کی چاہت پر
بے وجہ بدگمان ہورئیں میں

ارادہ ہے کیا؟

غم کے طوفاں سے گزرنے کا ارادہ ہے کیا؟
ڈوب کے پار اترنے کا ارادہ ہے کیا؟

بیاہ کے بارے میں پوچھا تو نجومی بولا
شاخ سے لوٹ کے جھڑنے کا ارادہ ہے کیا؟

میرے اصرار پہ اس نے یہ کہا تنگ آکر
آپ کا خودکشی کرنے کا ارادہ ہے کیا؟

خواہ مخواہ آپ قریب آ تو گئے ہیں میرے
بولئے، پھر سے بچھڑنے کا ارادہ ہے کیا؟

کیا بولوں

محنت میری نام ہے ان کا اُن کی شرافت کیا بولوں
کیا بولوں کیا نئیں بولوں میں اپنی حماقت کیا بولوں

ہنڈی رکھ کر دیگ اٹھارئیں دِکھتے کو ہولے دِکھارئیں
بیر بتا کو گھٹلیاں دے رئیں ان کی شرارت کیا بولوں

گاؤں کے لوگوں کو سمجھارئیں جمہوریت کے باتاں
بھینس کے آگے بین بجارئیں ان کی ذہانت کیا بولوں

نام کی خاطر کیا نئیں کرتے شہرت کے بھوکے لوگاں
ڈنّو دے کو دو نسٹو کا پکارا ان کی سخاوت کیا بولوں

نیّت میں خطرہ آیا تو جھولی میں بھترے آتیں
اِتی بات تو سمجھے نئیں پن کر رئیں عبادت کیا بولوں

کانچ کے گھر میں رہ کو پتھر دوسروں کو نکّو مارو
آیا واں سے پتھر تو کیا ہوئیں گی حالت کیا بولوں

جُمعہ جُمعہ نہانے والے عید کو عید غسل کرائیں
پانی نئیں سو شہر میں میرے کاں کی نفاست کیا بولوں

شادی کا ارمان ہے جس کو دیکھے مجھے عبرت پکڑے
خط جاکو اب ہوں میں لفافہ میری حالت کیا بولوں

جن کا گھر میں راج ہے چلتا وہ کیسے لوگاں ہونگے
میرے گھر میں بولنے کی بھی نئیں ہے اجازت کیا بولوں

پچپن سال کا ہوتے ہی میں پنشن لے کو ہٹ جانا کتے
اسّی سال کے بڈھے کھوسٹ کرریں حکومت کیا بولوں

عمر کی ڈھلتی چھاؤں میں ان کی اب بھی گرمی باقی ہے
کھنڈر ہونے سے پہلے یہ کیا تھی عمارت کیا بولوں

کس کا دیئیں جو میرا ڈُبئینگے اتّا سمجھ کر قرض دیئوں
قرضے کی بھی اِنکم سمجھئیں ان کی تجارت کیا بولوں

چھوٹے حلق میں تم بھُل کر بڑا لوالہ نکّو لیئو
حلق میں اٹکا تو ہونگی آخری دعوت کیا بولوں

بیماری میں دیکھنے آکو تھے سو پھل کھا کو بیٹھیں
پھر رو کو پُرسے کے جیسا کررئیں عیادت کیا بولوں

خون خرابہ اور بدامنی دیکھ کو ایسا لگتا ہے
چوراں مل کو بانٹ لیئے ہیں سارا بھارت کیا بولوں

گلّے مل کو گلّے کاٹیں اَمن کے باتاں بھی کررئیں
نام پو قومی یک جہتی کے کررئیں عداوت کیا بولوں

جس کی لاٹھی بھینس اسی کی آج کا بس قانون ہے یہ
کس کی شکایت کیسا مقدمہ کاں کی عدالت کیا بولوں

خواہ مخواہ دل لے کو میرا صاف مگر گئے، دیکھو نا
رکھ لیتے نئیں دیتے بھی نئیں میری امانت کیا بولوں

کیا کریں کی کیا نئیں کی

دیکھ کو پکّے پھل محنت کے کیا کرتیں کی کیا نئیں کی
گھونسان نیولے باغ میں گھس گیئں کیا کرتیں کی کیا نئیں کی

کِتّا کِتّا اڑلایا میں شادی نئیں کرتوں کر کو
سہرہ بندھ کو ڈھول بجارئیں کیا کرتیں کی کیا نئیں کی

سرکاری آرڈر ہے بچّے تین سے بڑھ کر نئیں ہونا
کھٹّا کھا کو اُلٹیاں کررئیں کیا کرتیں کی کیا نئیں کی

فلمی گانا گائے تو دھوبی رسّی لے کو آیا تھا
شاستریہ سنگیت سنارئیں کیا کرتیں کی کیا نئیں کی

پہلے بھی اُردو کے حق میں تقریراں کر کو بھول گئے
اب پھر اُردو کے گن گارئیں کیا کرتیں کی کیا نئیں کی

نچّے بُہت ہیں ناناں کاں کے نمبر گلے میں ڈالئیں
دس کے آگے گِن سکتے نئیں کیا کرتیں کی کیا نئیں کی

ویڈیو، ٹی وی، ٹیپ رکارڈر منگوایا ہوں دوبئی سے
کسٹم والے خواب میں آرئیں کیا کرتیں کی کیا نئیں کی

پوری تنخواہ لاکو دیتوں پھر بھی روز کی کھٹ کھٹ ہے
پنشن لینے کے دن آرئیں کیا کرتیں کی کیا نئیں کی

عزّت اور ناموس کے دشمن خون میں ہاتاں رنگ لے کو
امن واماں کے باتاں کررئیں کیا کرتیں کی کیا نئیں کی

جن کا دعویٰ تھا کہ قوم کا بیڑہ پار لگائیں گے
بیچ بھنور میں ڈبکیاں کھارئیں کیا کرتیں کی کیا نئیں کی

پہلی داؤ میں ہونڈے گر کو منہ میں مٹّی ڈال لئیے
پھر خم پو خم ٹھونک کر آرئیں کیا کرتیں کی کیا نئیں کی

مطلع آسانی سے ہوتئی خواہ مخواہ، بہتیچ خوش تھے
مقطع میں اب لٹکیاں کھارئیں کیا کرتیں کی کیا نئیں کی

نئیں بولے تو سُنتے نئیں

دیکھو کتّا سمجھا روں میں نئیں بولے تو سنتے نئیں
اپنی من مانی تم کرریں نئیں بولے تو سنتے نئیں

کرنے کے جو کاماں ہیں وہ تو جیسے کے ویسے ہیں
نئیں کرنے کے کاماں کرریں نئیں بولے تو سنتے نئیں

میرے گھر میں رہ کو باتاں اماں باوا کے کرریں
یاں کا کھا کو واں کا گاریں نئیں بولے تو سنتے نئیں

دو بئی نئیں تو جدہ جاؤ کیسا بھی یاں سے نکلو
اُٹھتے بیٹھتے بھنبھنارئیں نئیں بولے تو سنتے نئیں

اِتّی عمر میں باہر جا کر خاک کما کو لاؤں گا
ہاتھاں دھوکو پیچھے پڑگئیں نئیں بولے تو سنتے نئیں

دِن بھر کام سے تھک کو آیوں چھٹیاں مَت لیو سونے دیو
صبح جلدی اُٹھ سکتا نئیں، نئیں بولے تو سنتے نئیں

منہ پو میک اپ تھوپ کو جاتی عمر کے پیچھے مَت بھاگو
گئی سو جوانی پھر آتی نئیں نئیں بولے تو سنتے نئیں

بالوں میں چٹلا جوڑے تو بنتا ہے سر کا جوڑا
پھر بھی بالاں سِٹ کرواریں نئیں بولے تو سنتے نئیں

اُن کے بالاں سٹ ہونے تک میرے سر میں گنتی کے
ہیں سو بالاں جھڑ کو جارئیں نئیں بولے تو سنتے نئیں

چربی چھٹ کر دُبلے دِکھنے اک ہفتے سے ڈائیٹ پو ہیں
چلتے پھرتے ڈھکلیاں کھارئیں نئیں بولے تو سنتے نئیں

؎ بچھو کے کاٹے کا منتر یاد نہیں اور اوپر سے
سانپ کے بل میں انگلیاں کر رئیں نئیں بولے تو سنتے نئیں

پھوڑے پو جم گئی سو کھپلی ناخن سے نکو نوچو
بھل گئے سو غم تازہ ہو رئیں نئیں بولے تو سنتے نئیں

سینگ کٹا کو بچھڑوں میں تم کیکو مل رئیں خواہ مخواہ
لوگاں دیکھ کر ہنستے جا رئیں نئیں بولے تو سنتے نئیں

کیکو

لے کو کٹیف مرے سامنے آرئیں کیکو
سامنے آکو مری جان جلارئیں کیکو

اپنے سگّوں کو مرے گھر میں لیسارئیں کیکو
میری محنت کی کمئی ان کو کھلارئیں کیکو

جھونپڑی میں ہیں مگر محلوں کے باتاں کررئیں
دیکھ کو چار مینار ٹوپی گرارئیں کیکو

کیا ستانے کے لئے امّاں کنے بھیجا تھا
جلدی آؤ بولا تھا اب دیر لگارئیں کیگو

جاکو امّاں کنے تم چین سے سورے ہوئینگے
مجھے بھی سونے دیو اب خواب میں آرئیں کیکو

دِل میں تصویر بسا لینے کو گھورؤں تم کو
اِتّی سی بات پو تم آنکھیاں دکھارئیں کیکو

مجھے معلوم ہے تم غصّے میں گالیاں دے رئیں
کھاو مرے سر کی قسم ہونٹاں ہِلارئیں کیکو

بعد مرنے کے ملے گی جو مجھے وہ جنّت
جیتے جی مجھ کو ہتھیلی میں دکھارئیں کیکو

میں اکیلا تھا محبّت کا تمہاری حقدار
وہ زمانہ مجھے تم یاد دِلارئیں کیکو

چار بچوّں میں محبّت مری تم بانٹ دیئے
پانچویں بچے کی تم آس لگارئیں کیکو

ہے سو چکّر سے میں پہلیچ پریشان ہوں بہت
اور غوردے میں تمہیں کوڑیاں ملارئیں کیکو

تم اگر پیار سے دیتیں تو زہر پی لیتوں
شربتِ وصل زبردستی پلارئیں کیکو

جل گئی آتشِ فرقت میں جوانی میری
ٹوٹ کر بکھرے گی اب راکھ پلارئیں کیکو

اب ضعیفی پہ مرے آیا ہے بھرپور شباب
دور سے دیکھو مجھے ہاتھ لگارئیں کیکو

میں سُلگ ہی نہیں سکتا تو جلوں گا کاں سے
بھیگی بارود ہوں انگار بتارئیں کیکو

مَت رِجھاؤ مجھے اس عمر میں میک اپ کر کو
بجھتی شمع ہوں میں لَو میری بڑھارئیں کیکو

غیر وابستہ سیاست کا رچا کو ناٹک
اپنی دانستہ حماقت کو چھپارئیں کیکو

ساری دنیا کو تماشہ ہی دِکھانا تھا تمہیں
اپنے ہی گھر کو تم انگار لگا رئیں کیکو

مُلک میں ابتری پھیلی ہے مگر دُنیا کو
صلح اور امن کی تقریر سُنا رئیں کیکو

کِیلا جاتا سو جگہ مار لیو نکّو کھوٹا
اپنے گھر کی ہے یہ دیوار گرا رئیں کیکو

یہ نہ بھولو کہ کبھی ہم بھی یہاں حاکم تھے
حکمرانی کا سبق ہم کو سِکھا رئیں کیکو

ہتّھی بیٹھا بھی تو رہتا ہے گدھے سے اونچا
آن والوں کو تمہیں شان دکھا رئیں کیکو

ہم مِٹے ہیں نہ مِٹیں گے تُمیں لکھ کو رکھ لیئو
خود نہ مِٹ جاو کہیں کھنڈلے میں آ رئیں کیکو

ایکٹنگ اور سیاست میں فرق کو سمجھو
روز تم اک نیا قانون بنارئیں کیکو

ہم ہیں پچپن کے تمہارا کیا ابھی بچپن ہے
ہم پہ یہ عمر کی پابندی لگارئیں کیکو

لیڈراں ساٹھ کے ہو کو بھی حکومت کررئیں
پھر ہمارے کو وظیفے پو ہٹارئیں کیکو

اس سے شکوہ کرو جو درد تمہارا سمجھے
بھینس کے سامنے شہنائی بجارئیں کیکو

تم کہاں خواہ مخواہ اور کہاں اندازِ خطیب
اپنی تندیل تم سورج کو بتارئیں کیکو

کیا کرنا سمجھ میں نئیں آرا ے

بولے جیسا میں سُننا کتے کیا کرنا سمجھ میں نئیں آرا ے
ہر خواہش پوری کرنا کتے کیا کرنا سمجھ میں نئیں آرا ے

دو دن میں آیتوں بولے تھے پندرہ دن سے اوپر ہو گئے
لے جانے بھی نئیں آنا کتے کیا کرنا سمجھ میں نئیں آرا ے

مہینے کی تنخواہ دس دن میں خرچہ کر لے کو فرمارئیں
میں غصّے میں نئیں آنا کتے کیا کرنا سمجھ میں نئیں آرائے

بیوی کے زیور گئے سو گئے اوپر سے ضمانت ضبط ہوی
میں پھر سے الیکشن لڑنا کتے کیا کرنا سمجھ میں نئیں آرا ے

جب انگ میں میرے طاقت تھی نئیں کرنے کے بھی کام کردں
اب ویسئی کاماں کرنا کتے کیا کرنا سمجھ میں نئیں آرا ے

رونے میں ساری عمر کٹی اب مرتے وقت فرمائش ہے
ہنستے ہنستے مر جانا کتے کیا کرنا سمجھ میں نئیں آرائے

جب آب و دانہ ختم ہوا کیا کھاوں پوچھا تو بولے
میں سا گودانہ کھانا کتے کیا کرنا سمجھ میں نئیں آرائے

جب غزل سمجھ میں نئیں آئی تو نیتا جی نے فرمایا
تن دانہ تانہ گانا کتے کیا کرنا سمجھ میں نئیں آرائے

جنتا کا خون بہا تب ہی نیتاؤں کو آزادی ملی
اُس خون کا جشن منانا کتے کیا کرنا سمجھ میں نئیں آرائے

سب کچھ مہنگا ہونے پر بھی اک خون ہمارا سستا ہے
اب وہ بھی دان میں دینا کتے کیا کرنا سمجھ میں نئیں آرائے

شاعر کو شعراں لکھتے وقت کیسے کیسے درداں اُٹھتیں
روزانہ شعر سنانا کتے کیا کرنا سمجھ میں نئیں آرائے

محنت کے بدلے شاعر کو شہرت اور داد ہی ملتی ہے
واہ واہ سُن کر گھر جانا کتے کیا کرنا سمجھ میں نئیں آرا ے

میری منزل کی راہوں میں روڑے اٹکا کر فرمارئیں
میں ذرا سنبھل کو گرنا کتے کیا کرنا سمجھ میں نئیں آرا ے

میرے اشعار پہ ہنستے ہو میرے دُکھ درد کو بھی سمجھو
ہر ظلم کو ہنس کر سہنا کتے کیا کرنا سمجھ میں نئیں آرا ے

چیزوں کے داماں بڑھ گئے لو مر گئے تو نیچے نئیں آتے
میں اپنے دام گرانا کتے کیا کرنا سمجھ میں نئیں آرا ے

ہوٹل میں دعوت ہے بولے تو بھوکا پیاسا پہنچا تھا
آدھی بریانی کھانا کتے کیا کرنا سمجھ میں نئیں آرلے

تھا جن سے عشق کبھی میرا شادی میں بُلا کو فرمارئیں
اک سہرا لکھ کر پڑھنا کتے کیا کرنا سمجھ میں نئیں آرا ے

سُننے والے جب بور ہوے تب خواہ مخواہ کا نام آیا
اب محفل کو گرمانا کتے کیا کرنا سمجھ میں نئیں آرا ے

لوگ

دھوم مچی ہے میخانے میں پی رئیں اور پلا رئیں لوگ
گھر میں کھانے کو نئیں ہے پر جام پو جام چڑھا رئیں لوگ

میخانے کے اندر ہی قومی یک جہتی دکھتی ہے
دین دھرم کو بھول کے دیکھو کیسا گھل مل جا رئیں لوگ

کاش کہ ایسا منظر میخانے کے باہر بھی دکھتا
باہر تو بس اک دوسرے کے آنگ کے اوپر آ رئیں لوگ

ایک زمانہ ایسا بھی تھا جب ہم سب ہمسایہ تھے
اب یہ حالت ہے کہ اپنے سایے سے گھبرا رئیں لوگ

لوگاں پیار سے اک دوسرے پو جان نچھاور کرتے تھے
اب نفرت سے اک دوسرے کو جان سے مارتے جا رئیں لوگ

آج سیاست کٹھ پُتلی کے کھیل کے جیسی ہوگئی ہے
دِلّی کے اسٹیج پو دیکھو کیسے کھیل دکھارئیں لوگ

بھُٹّے پر کے دانے کھاکو چڑیاں ہلّو اُڑجارئیں
خالی گونچھن ہاتھ میں لے کو بھترے ڈھونڈتے جارئیں لوگ

چُوّے آڑی باڑی پھررئیں ایک بھی ہاتھ کو نئیں آرائے
کھسیانی بلّی کے جیسا کھمبا نوچتے جارئیں لوگ

کل تک تھے ہم قید قفس میں آج اسیر گلشن میں
یہ کیسی آزادی آئی جس کا جشن منارئیں لوگ

سامنے سے رتّی ہی نئیں پیچھے سے ہتّھی بھی جارائے
چوراں چوکیداری کرائیں غفلت میں سوجارئیں لوگ

صورت ہے گھوڑے کے جیسی آنگ لوگن کا جوڑا نئیں
پھر بھی گھوڑا جوڑا منگ رئیں ذرا نئیں شرمارئیں لوگ

پڑھنے میں اتّے قابل ہیں ننگے پاؤں سے پیدل ہیں
پھرنے کو اسکوٹر ہونا سسرے سے فرمارئیں لوگ

پاؤں ذرا حلّق پو رکھنتی دیدے باہر آجارئیں
ذرّا ہمدردی کرنا تھا ہمکولئے آنکھ دکھارئیں لوگ

پیٹ کو کھائے تو آنگ کو اچھّا روٹی نئیں ہے کیک ہی کھاؤ
کیک کھلارئیں لیڈر کو اور خود بھوکے سو جارئیں لوگ

اوروں پر ہنسنا آسان ہے خود پو ہنسنا مشکل ہے
مزا تھا اوروں کو ہنساکو رو رو کو مرجارئیں لوگ

تن کو کپڑا نئیں تو نئیں پن پیٹ کو روٹی تو ہونا
بھوکا شاعر شعر سنارئے واہ واہ کرتے جارئیں لوگ

گلّی، ڈنڈا اور خطیب بھی اللہ کو پیارے ہو گئے
میری باری کب آتی کی دل میں سوچتے جارئیں لوگ

اچھے شاعر مرجارئیں میں بھی بیمار ہوں ڈو دن سے
میری بیماری کا سن کو پُرسہ دینے آرئیں لوگ

بھُل گئے سو غم تازہ ہورئیں نئیں بولے تو سنتے نئیں
پھوڑے پو جم گئی سو کھپلی ناحق نوچتے جارئیں لوگ

دُنیاداری کی خوشیوں میں بھول گئے انجام اپنا
موت کھڑی ہے دروازے پو گھر میں ڈھول بجارئیں لوگ

لُٹ گیا سب میں چپ بیٹھا تاکہ بستی میں امن رہے
اک جان بچی ہے خواہ مخواہ اب وہ بھی لینے آرئیں لوگ

معلوم ہوتا ہے (سیاسی)

عورت ہو کو سب مرداں پو حکم چلائے تو معلوم ہوتا ہے
اچھے کاماں کر کو مر کو نام کمائے تو معلوم ہوتا ہے

اک گھر میں تک سب خوش نئیں رہتے سارے دیس میں کاں سے رہیں گے
سب کو خوش رکھنے کی خاطر جان گنوائے تو معلوم ہوتا ہے

خالی تقریراں کرنے سے قوم میں یک جہتی نئیں ہوتی
اندرا اور گاندھی کے جیسا خون بہائے تو معلوم ہوتا ہے

جن کی جان کے تم ضامن تھے ان کی بھی تو جان گئی نا
اپنی جان کے رکھوالوں سے جان گنوائے تو معلوم ہوتا ہے

قدرت کے انصاف میں یارو دیر ہے پر اندھیر نہیں ہے
معصوموں کا خونِ ناحق رنگ لائے تو معلوم ہوتا ہے

کشتی وِچ پرانی ہے پر کھیون ہارا نیا نیا ہے
اُن کتنے پانی میں ہے کی پار لگائے تو معلوم ہوتا ہے

زعفران کی قدر و قیمت گدھا بچارہ کیا جانے گا
رنگ کے کپڑے پہن کو خوش ہے کبھی کھائے تو معلوم ہوتا ہے

گیرو کے کپڑوں کا سارا رنگ نکل کو آنگ کو لگتا
چیتنیہ رتھ چھوڑ کو اک دن بس میں آئے تو معلوم ہوتا ہے

ہم کو دُکھ دینے نکلے تھے خود گلّی گلّی کے ہو گئے
گھر جا کو ڈھیلہ نئیں رہیں گا نئیں تو پھٹائے تو معلوم ہوتا ہے

پرنالہ اک ساتھ گرا تو پانی سے پتھر بھی ٹوٹتا ہے
دل بھی ایسیچ ٹوٹ جاتے ہیں ظلم اٹھائے تو معلوم ہوتا ہے

آخر کب تک اپنے ہاتاں خواہ مخواہ تم نیچے رکھتیں
سامنے والا کتّا ڈرتا ہے ہاتھ اٹھائے تو معلوم ہوتا ہے

معلوم ہوتا ہے (غیر سیاسی)

آٹے دال کی قیمت کیا ہے سودا لائے تو معلوم ہوتا ہے
گھر میں پا کھنڈی کے جیسا بیٹھ کو کھائے تو معلوم ہوتا ہے

مہنگائی میں رشوت نئیں تو پھر کیا کھا کو زندہ رہنا
مہینے بھر کی تنخواہ لا کو دس دن کھائے تو معلوم ہوتا ہے

تنخواہ کم ہے بچے زیادہ پیٹ کو کھائے تو آنگ کو نئیں ہے
ایسے میں پھر گھر والی کا جی متلائے تو معلوم ہوتا ہے

پہلے ہفتے میں مہماناں خالی ہاتھ آئے تو بھی چلتا ہے
مہینے کے آخر میں آئے اور کچھ نئیں لائے تو معلوم ہوتا ہے

گھر میں اپنے لوگاں آتئی ہاتھ کھول کو خرچہ کرتیں
تم کو کیا ہے گھر میں رہتیں منگ کو لائے تو معلوم ہوتا ہے

بچّہ کیا باہر ہے لوگاں دنیا چھوڑ کو اُلٹا منگ رئیں
اُن واں کیا نپلاں پڑ رائے کی خط آئے تو معلوم ہوتا ہے

کِتّا سمجھایا میں دیکھو بچّے کو باہر مت بھیجو
اچھا خاصہ بیل گنواکو رئی لائے تو معلوم ہوتا ہے

چار مینار پو چڑھ بھی گئے تو کچھ بھی اندازہ نئیں ہوتا
دیکھنے میں کتنا اونچا ہے نیچے آئے تو معلوم ہوتا ہے

روزانہ گت کیسی بنتئے اس پو ٹھیکہ کیسا لگتا ہے
یہ سب شادی کر لے کو جب ڈھول بجائے تو معلوم ہوتا ہے

انگ میں طاقت رئیے تک شادی نئیں ہوئی تو پچھتانے لگے دیکھو
بوڑھے ہو گئے بعد گھر سے گھر دھکّے کھائے تو معلوم ہوتا ہے

اک دن دفتر میں جب صاحب بے ناحق غصّے میں آئے
میں بولا گھر میں ساہبی ایسئی رعب کھائے تو معلوم ہوتا ہے

صاحب بولے تم کیا جانو گھر میں جو میری حالت ہے
میرے جیسا گھر والی کے جھڑکیاں کھائے تو معلوم ہوتا ہے

شادی ہوئی تو مُجھ کو بھی تم زیادہ لائٹاں نکّو مارو
عین وقت پو مین سوئچ کا فیوز اُڑ جائے تو معلوم ہوتا ہے

ہاتھی زندہ لاکھ کا لیکن مر کو سوّا لاکھ کا ہوتا ہے
زندہ کی مُردہ کی اس کو بیچ کو آئے تو معلوم ہوتا ہے

لوگاں سُنتیں کی یا نئیں کی دل میں کیسی ہیبت رہتی ہے
سب لوگوں کے سامنے آ کو شعر سنائے تو معلوم ہوتا ہے

در در کی تم خاک چھان رئیس خواہ مخواہ جن کو خوش رکھنے
قبر میں سو تئے مُوئے لوگاں جب خاک اُڑائے تو معلوم ہوتا ہے

کچھ بھی نئیں ہے کیا بھی نئیں ہے

دُور کے ڈھول سہانے بج رئیں کچھ بھی نئیں ہے کیا بھی نئیں ہے
لوگاں سُن رئیں اور خوش ہورئیں کچھ بھی نئیں ہے کیا بھی نئیں ہے

شادی سے پہلے سو گئے تو کتّے اچھّے خواب آتے تھے
اب شادی کر کو پچھتا رئیں کچھ بھی نئیں ہے کیا بھی نئیں ہے

تھا سو ایک نشیمن میرا اس پو بجلی کب کی گر گئی
تھوڑے سے تنکے باقی رہ گئیں کچھ بھی نئیں ہے کیا بھی نئیں ہے

میرے ارمانوں کی کھیتی اب تک سوکھی کی سوکھی ہے
بادل ہیں کی خوب گرج رئیں کچھ بھی نئیں ہے کیا بھی نئیں ہے

اُن سے جب بولا میں دیکھو دل میں کیسی آگ لگی ہے
میرے دل میں جھانک کو بولئیں کچھ نئیں ہے کیا بھی نئیں ہے

بیٹھے بیٹھے جی کیسا کی ہورا ے بول کو اُلٹیاں کر کو
پھر خود ہی شرما کر بولئیں کچھ بھی نئیں ہے کیا بھی نئیں ہے

دل کے ارماں پورے ہوریں بول کو میں کِتا کی خوش تھا
وید حکیماں دیکھ کو بولئیں کچھ بھی نئیں ہے کیا بھی نئیں ہے

پھر اک لیڈی ڈاکٹر ان کو دیکھ کو انگریزی میں بولی
فوڈ پوائزن کے سمپٹم دِکھ رئیں کچھ بھی نئیں ہے کیا بھی نئیں ہے

تیسویں سالگرہ کی پرسوں بیسویں برسی ہو گئی نا جی
اب کیکو لے کار مرس رئیں کچھ بھی نئیں ہے کیا بھی نئیں ہے

جو مرنے سے نئیں ڈرتے ہیں ان کی موت ہی مر گئی سمجھو
ہم تو موت کو ایسا سمجھئیں کچھ بھی نئیں ہے کیا بھی نئیں ہے

پہلے گنڈی پیٹھ میں پانی بھر کو اوپر سے بہتا تھا
جب سے اناجا کو بس گئیں کچھ بھی نئیں ہے کیا بھی نہئیں ہے

پچپن ۵۵ سال کے لوگاں مل کو تھی سوناک بھی کاٹ لئے نا
کاں عزت کے باتاں کر رئیں کچھ بھی نئیں ہے کیا بھی نہئیں ہے

اُن کو عقل رہتی تو یہ ہونڈے کاماں کیوں کرتے تھے
بھیجے میں کچھ ہوئینگا سمجھیں کچھ بھی نئیں ہے کیا بھی نئیں ہے

اپنے بارے میں بھی سوچو تم خود پنشن کیوں نئیں لیتے
اٹھاون ۵۸ سے اوپر ہوگئیں کچھ بھی نئیں ہے کیا بھی نئیں ہے

پہلیچ داڑھیں جتّے گر کو بیٹھے لو لگ گئی سو مٹّی کو
جھاڑتے جا رئیں تو لتے جا رئیں کچھ بھی نئیں ہے کیا بھی نئیں ہے

یونیفارم کا رنگ بدل دیو لوگاں دیکھ کوئیچ سمجھ رئیں
ایچ جوڑا دھو کو پہن رئیں کچھ بھی نئیں ہے کیا بھی نئیں ہے

اپنے دیش میں کاں کی دھرتی سونا چاندی کب اُگلی جی
کینکو جھوٹے باتاں کر رئیں کچھ بھی نئیں ہے کیا بھی نئیں ہے

میں سب کا دل بہلا رئیں اور بدلے میں سب لوگاں مل کو
ہنستے جا رئیں واہ واہ کر رئیں کچھ بھی نئیں ہے کیا بھی نئیں ہے

شاعر کو تعریفاں نکو اس کے گھر میں جھانک کو دیکھو
جورو بچے بھوکے مر رئیں کچھ بھی نئیں ہے کیا بھی نئیں ہے

حیدرآباد میں کیا کچھ نئیں ہے خواہ مخواہ واپس آجاؤ
واں بمبئی میں کیا ڈھونڈ لا رئیں کچھ بھی نئیں ہے کیا بھی نئیں ہے

کِس کو معلوم

میک اپ کرکو اپنے آپ مُرس رئے ہونگے کس کو معلوم
اپنی صورت پو خود عاشق ہو رئے ہونگے کس کو معلوم

اُن کو دیکھ کو لوگاں ان پو مر رئے ہونگے کس کو معلوم
جان ہتھیلی پو لے کو پھر رئے ہونگے کس کو معلوم

نئیں آئیں گا سمجھا تھا پن کی اُن کا دل میرے پو آیا
میرے نام سے ٹھنڈے سانساں بھر رئے ہونگے کس کو معلوم

جب میں پوچھا تم کو بھی تو لوگاں دیکھنے آ رئے ہونگے
میرے سے شرما کو بولے آ رئے ہونگے کس کو معلوم

میری بستی میں تو اب تک اتّی روشنی کب بھی نئیں تھی
بستی والے میرائچ کُنبہ پھونک رہے ہونگے کس کو معلوم

ساڑھو ریس میں کیا کر رئے تھے سالی سے پوچھا تو بولی
دفتر چاروں بول کو گئے تھے ریس میں جیتیں گے کس کو معلوم

گھر کو تو آنے دیو دیکھو میں کیسے گھوڑے دوڑا تیوں
اُوپر ملتے سو پیسے یوں ناس کریں گے کس کو معلوم

چیف منسٹر تین وقت کا کھا کو بے فکری سے پوچھے
دیش میں لوگاں بھوکے مر رئیں، مر رئے ہونگے کس کو معلوم

کپڑے خوب جھٹک کو پہنو آستینوں میں سانپاں رہتیں
موقعہ پاتئی ڈنس لینے کو تاک میں ہونگے کس کو معلوم

اُن کی مُنڈی کُھلے بعد بھی اُلٹا پُلٹا کر کو دیکھو
اِن میں کتنے دُو مُنہ کے بھی ہوتے ہونگے کس کو معلوم

اُردو کا ہتّھی جا رائے تو کیسے کی آوازاں آرئیں
شاید اس کے پیچھے کُتّے بھونک رئے ہونگے کس کو معلوم

لوگو جو دینا ہے دے کو خواہ مخواہ کو رخصت کر دیو
ہم دوبارہ جانے کب اور کہاں ملیں گے کس کو معلوم

چلتا رہیں گا

ہم محنت کرنے والوں کا خون پسینہ بہتا رہیں گا
اور پاکھنڈی راج کرینگے کب تک ایسا ہوتا رہیں گا

نیند یہ کیسی ہے غفلت کی اب تو اپنے انکھیاں کھولو
نئیں تو تم بس سوتے رہیں گے اور نصیبہ سوتا رہیں گا

ابن الوقت سے بھول کو بھی تم مت رکھو اُمید وفا کی
گرگٹ جیسا رنگ بدلتا ے ویسا رنگ بدلتا رہیں گا

مظلوموں کی ہائے لگی تو ظالم کا انجام بُرا ہے
دھوبی کے کُتّے کے جیسا نہ گھر کا نہ گھاٹ کا رہیں گا

ہر ہفتہ بھتّہ پہنچا دیو نئیں کرنے کے کاماں کر لیئو
یہ قانونی سمجھوتہ ہے جب تک چاہو چلتا رہیں گا

بے ایمان بنے بیوپاری چوراں ساہوکاری کرئیں
اب بازار میں خوب چلیں گا وہ سکہ جو کھوٹا رہیں گا

چڑھتے سورج کی پوجا تو آدے دن سب کرتے رہتیں
کوئی پلٹ کو نئیں پوچھیں گا شام کو جب وہ ڈھلتا رہیں گا

اردو کو کیوں آرا چل رائے پوچھا تو وہ ہنس کو بولے
ایسا تو چلتا آیا ہے اور ایسا ہی چلتا رہیں گا

میں بولا گر ایسا ہے تو اردو کی کہاوت سن لو
کتے پیچھے بھونکتے رہیں گے لیکن ہتھی چلتا رہیں گا

بڈھے ہونے کو آگئے ہیں کب تک منجے بیٹھے رہیں گے
دل کر کو شادی تو کرلیئو، رہا ولیمہ ہوتا رہیں گا

شاعر سب کو غوث ہنسا کو گھر کو جا کو بھوکا سوتا ہے
اس کے گھر کو جا کو دیکھو خالی چولہا جلتا رہیں گا

سب لوگاں جب ہنستے ہیں تو خواہ مخواہ یونہی چپ نئیں ہے
جب ساری دنیا روئے گی یہ دیوانہ ہنستا رہیں گا

کتے

وہ حکم دے رئیں ہیں اُن کے دل کو بہلانا کتے
جب وہ فرمائش کریں ہیں شعر فرمانا کتے

شاعری میری پسند آگئی تو فرمانے لگے
رات کو ہوٹل کھانا کھانے کو آنا کتے

واں گیا تو آدھی بریانی منگا کو بول رئیں
اپنا گھر جیسا سمجھ کو پیٹ بھر کھانا کتے

اس بڑھاپے میں بھی اُن کو شک ہے مجھ پر اس قدر
ان کی سہیلی گھر میں آتئیں میں کھسک جانا کتے

پوتری کو اور نواسوں کو یہ سکھلا رئیں اُلٹی
وہ فقط آنٹی ہیں میں دادا کتے نانا کتے

دوسرے ہفتے میں تنخواہ پوری کھا کو بیٹھتیں
اس پو اوپر کی کمائی گھر میں نئیں لانا کتے

یاں مجھے فرصت نہیں ہے اور اُنوں اماں کنے
جاتے جاتے بول کو گئیں خواب میں آنا کتے

ایک چنڈی کا بھی ٹکڑا نئیں ہے پاؤں لوڈا لنے
جتنی چادر ہے بس اتنی پاؤں پھیلانا کتے

آگ سے لو کھیل رئیں پن دیکھو مل جئیں گا مزہ
ڈھیر یہ بارود کا ہلتو سلگ جانا کتے

واہ کیا اچھا ملا ہم کو وفاؤں کا صلہ
کوئی اچھا کارنامہ کر کو دکھلانا کتے

جذبۂ حبِّ وطن کا مانگتے ہیں وہ ثبوت
ہم وطن کی آن پو قربان ہو جانا کتے

یہ بھی کر گزرے ہیں ہم پر وہ بھلا بیٹھے ہیں سب
اُن کی خاطر ہم دوبارہ جہان سے جانا کئے

اب تو یہ حالت ہے خود اپنی حفاظت کرکو ہم
اُن کے اوپر دار ہو تو ڈھال بن جانا کئے

یہ فقط کپڑے سنبھالیں گے ہمارے اور ہم
اپنی چھاتی ٹھونک کو لڑتے نکل جانا کئے

دعوتِ نظّارہ، دے جاتی ہے ان کی ہر ادا
اس پہ طرّہ یہ ہے کہ ہم کو شرم آنا کئے

اس عُمر میں آزمائش سے گزرنا ہے مجھے
لڑکی والے دیکھنے آئیں گے تو شرمانا کئے

خالی پیٹ آیا تھا شاعر واہ واہ سننے کے بعد
جیب خالی لے کے واپس اپنے گھر جانا کئے

خواہ مخواہ جنجال جی کا بن گئی ہے شاعری
جو جہاں جب بھی بلائے میں چلے آنا کئے

طنز و مزاح کے شاعر

ہم جو طنز و مزاح کے شاعر ہیں لوگ ہم کو بہت ستاتے ہیں
جب بھی ہم کو بُلانا ہوتا ہے تیس ۳۰ پیسوں کا خط بھجاتے ہیں

ہم بھی ایسے اُتانے پڑجانیں سارے لوگوں کو خط بتاتے ہیں
دور نزدیک دیکھتے تک نئیں ریل یا بس میں بیٹھ جاتے ہیں

اسٹیشن پر ہمارے لینے کو لوگ آتے ہیں نئیں بھی آتے ہیں
سستی ہوٹل میں ہم کو ٹھہرا کر آدھی بریانی بھی کھلاتے ہیں

شام تک بھوک کو ختم کرنے چائے پر چائے بھی پلاتے ہیں
میزبانی کا حق ادا کرنے ایک دو پان بھی کھلاتے ہیں

رات کو سب کے دل کو بہلانے لاکو اسٹیج پو بٹھلتے ہیں
ہم بھی طنز و مزاح کی اُنگلی سے آپ کے دل کو گدگداتے ہیں

یاں جو اک امتحان ہوتا ہے ہم بھی تیار ہو کو آتے ہیں
اپنی حالت پو خوب روتے ہیں تب کہیں آپ کو ہنساتے ہیں

آپ ہنس ہنس کو ہم کو دیتے سو داد کا بوجھ بھی اُٹھاتے ہیں
سب کو ہنستا جو دیکھ لیتے ہیں ہم بھی پھولے نہیں سماتے ہیں

پھر بھی کچھ لوگ ایسے ہوتے ہیں جو نہ ہنستے ہیں نہ ہنساتے ہیں
اپنی سنجیدگی سے جانے کیوں ہم غریبوں کا دِل دُکھاتے ہیں

ایک ٹو شعر گر پسند آگئے واہ واہ کر کو دل بڑھاتے ہیں
دل بڑھانا وڑانا کچھ بھی نئیں بوٹ کے جھاڑ پو چڑھاتے ہیں

سب سے آخر میں معتمد صاحب ہم کو رُودادِ غم سناتے ہیں
یعنی پچھلے مشاعرے کی وہ داستانِ الم سُناتے ہیں

جب سفر خرچ ہم کو دیتے ہیں ان کی آنکھوں میں اشک آتے ہیں
ہم بھی ان کے شریکِ غم ہو کر اپنی آنکھوں میں اشک لاتے ہیں

بعض تو صرف شکریہ کہہ کر ہم غریبوں کو آزماتے ہیں
گھر کو ہم خالی ہاتھ جاتے ہیں جھڑکیاں بیویوں کی کھاتے ہیں

جب یہ ہنگامہ ختم ہوتا ہے اور ہوٹل کو اپنی جاتے ہیں
ایک تو کوئی پوچھتا تک نئیں اس پو کتّے الگ ستاتے ہیں

بس گھڑی دو گھڑی کی شہرت پر ہم بھی خوش فہم ہو کر پھول جاتے ہیں
خواہ مخواہ کون تھا کی کیا نئیں کی کل صبح لوگ بھول جاتے ہیں

عظمت بھلاویں کی نذر

نظر لگ جائے نہ دیکھو مرے گورے بھلاویں کو
بھلاویں کے گلے میں ڈال دیو کالے بھلاویں کو

اُسے چھیڑے تو چھ پیسے منگینگا چھیڑ کر دیکھو
ہیں جس کی جیب میں پیسے وہی چھیڑے بھلاویں کو

جہاں کیلا نہیں جاتا وہاں کھوٹا گھسا دینگا
پڑیں گے جان کے لالے اگر پالے بھلاویں کو

تمہارے گھر میں گھس کر یہ تمہیں گھر سے نکالینگا
مقدر جس کا پھوٹا ہے وہ گھر لائے بھلاویں کو

تم اس سے گھس لیے تو کوئی مرہم راس نئیں آئینگا
لگالیئو نکو اپنے آنگ کو کالے بھلاویں کو

اُنے نئیں سوچگہ چھیداں کرینگا اس کی عادت ہے
بٹھالینا نہ ہرگز گوڈیں اپنے بھلاویں کو

زمانے کو ہنساتا ہے پر اپنے غم چھُپاتا ہے
ہے کس میں اتنی ہمت چیر کے دیکھے بھلادیں کو

وہ ظاہر اور باطن میں فقط عظمت ہی عظمت ہے
ذرا دیکھو الگ کر کے بھلاویں سے بھلاویں کو

اسی ڈر سے وہ سب کے سامنے کھُل کر نہیں روتا
بہالے جائیں نہ آنسو کے پرنالے بھلادیں کو

وہ آٹھوں پہر اپنی گودڑی میں مست رہتا ہے
کبھی نہ راس آئے شال دوشالے بھلاویں کو

یہ درداں دور کر دیتا تھا سب کے اب یہ عالم ہے
بھلاواں خود ہی اپنے واسطے مانگے بھلادیں کو

مزاح و طنز کے دفتر اسی کے دم سے قائم ہیں
جو سنجیدہ ہیں وہ بھی یاد رکھیں گے بھلادیں کو

رہے گا جب تلک زندہ یہ لوگوں کو ہنسائے گا
دعا ہے کہ قیامت تک خدا رکھے بھلادیں کو

جو تھوڑی رہ گئی وہ بھی اُسی کی نذر کرتا ہوں
خدایا میری باقی عمر لگ جائے بھلادیں کو

کبھی تو اُس کے دل میں جھانک کر بھی دیکھ لو یارو
زمانے بھر کا غم پاگل نہ کرڈالے بھلادیں کو

جو غم ہر ایک کا بانٹے کوئی تو اُس کا غم بانٹے
مجھے ڈر ہے زمانہ مار نہ ڈالے بھلاویں کو

نہ ہوگا خواہ مخواہ اس کو کبھی احساسِ تنہائی
اگر ہم میں سے ہر اک شخص اپنا لے بھلاویں کو

نتیجہ کچھ نہ نکلا خواہ مخواہ کتنی کروں کوشش
نکالوں دل سے اپنے پھینک دوں سالے بھلاویں کو

تلنگی میں

پریشانی میں دن کٹتے نہیں پیسوں کی تنگی میں
نہ اُلجھاؤ ہمیں تم اور اپنی خانہ جنگی میں

فقط باتاں کرے تو لڑ لئے جیسا نظر آتا ئے
محبّت میں کریں گے بات کیسا کیا تلنگی میں

کرو اُردو میں ہم سے گفتگو گر بات کرنی ہے
اگر لڑنا ہے تو بے شک لڑو ہم سے تلنگی میں

اُٹھاؤ ہر قدم اپنا سنبھل کر یہ سیاست ہے
تختِ تختہ نہ بن جائے تمہارا خانہ جنگی میں

تمہیں کپڑے پہننے کا سلیقہ تک نہیں آیا
عُمر گزری تمہاری ایک کرتا اور لنگی میں

منسٹر کیا بنیں بنگلے میں رہ کر بھول گئے وہ دن
تمہارا ٹوٹا پھوٹا جھونپڑہ تھا نارسنگی میں

تعصب سے تمہارا دل تو پہلئی تنگ ہو کو ہے
جگہ اردو کو اب کاں سے ملیں گی ایسی تنگی میں

سڑک پر اب کبھی لیٹو تو کچھ بھی اوڑھ کو لیٹو
مریں گے تم اکڑ کو نئیں تو ٹھنڈ کالے کی ٹھنڈی میں

زمانہ ایک وہ بھی تھا سیاست تھی بہت سادہ
پر اب تقسیم ہو کر رہ گئی رنگی برنگی میں

بسوں میں ریلوے میں لوگ مرنے لگ گئے جب سے
سفر کرنے لگے ہیں اب اگوں بیلوں کی بنڈی میں

پڑوسی کے بگونے میں پکے سو گوشت میں نئیں ہے
مزہ وہ دال میں ہے جو پکی ہو اپنی ہنڈی میں

ہمیشہ نت نئی ترکاریاں کھانے میں آتی ہیں
کبھی آلو ٹماٹے میں کبھی بیگن ہے بھینڈی میں

ترستا ہے مرا دل تب سے اب تک گوشت کھانے کو
بسا جب سے مرا سسرال میر عالم کی منڈی میں

کمیلے سے چکا کو لالیا تھا بہت سستے میں
مگر بھیجا ہچ نئیں تھا کم بخت بکرے کی منڈی میں

کبھی تو لائن کلیر کی ہری جھنڈی دکھاؤ تم
دکھاتے ہو ہمیشہ ڈینجر تم لال جھنڈی میں

بٹن دیتے ہوئے درزی کو بولا ایک ہولا یوں
ذرا اک کوٹ اچھا ٹانگ دینا میری گنڈی میں

جلیں نہ بستیاں جب تک وہ دیوالی نہیں ہوتی
بہے نہ خون جب تک کیا مزہ ہولی دھلنڈی میں

پریشانی کی حالت منہ پو میرے خواہ مخواہ نئیں ہے
غزل لکھنے کی کوشش کر رہا ہوں میں تلنگی میں

دیکھو پہلئی بول دے رَوں

سچ بولا تو لوگ کھلیں گا دیکھو پہلئی بول دے رَوں
نئیں سو اک ہنگامہ ہوتنگا دیکھو پہلئی بول دے رَوں

دل میرا اب تک خالی ہے دروازہ بھی کھُلا ہے
کوئی گھُسا تو نئیں نکلیں گا دیکھو پہلئی بول دے رَوں

ہاتھ مرا دیکھا تو مجھ سے ایک نجومی یہ بولا
ہیں بولا سو ہو کر رہئیں گا دیکھو پہلئی بول دے رَوں

شادی کر کو اپنے پاؤں پو آپ کلہاڑی مت مارو
سال کو سال اک بچہ ہوتنگا دیکھو پہلئی بول دے رَوں

قرضہ لے کو شادی کر رَوں بولو میرے سالے کو
اُن گئیں دھنگانا پکڑینگا دیکھو پہلئی بول دے رَوں

پھٹّا جوتا بہن کو آؤں گا چوری نئیں کرنا بولو
میں تو اک دھیلہ نئیں دونگا دیکھو سہیلئی بول دے رؤں

گھوڑا جوڑا کچھ بھی نکّو میرے کو دولن ہونا
دولن آئی تو کیا کیا آئینگا دیکھو سہیلئی بول دے رؤں

کپڑے لتّے تو دے رئیں تا تھوڑا سا زیور بھی دیکو
دس تولے سونا تو رہینگا دیکھو سہیلئی بول دے رؤں

مصری، بادام، طعام ولیمہ، قاضی صاب کا مختانہ
سب سسرے کے ذمے رہینگا دیکھو سہیلئی بول دے رؤں

بریانی کے ساتھ اُنوں کئیں سادہ میٹھا رکھ دینگے
"قربانی کا میٹھا" رہینگا دیکھو سہیلئی بول دے رؤں

کیش اگر دینگے تو اس سے پورا قرضہ پھیڑ دونگا
نئیں تو سر پو بوجھا رہینگا دیکھو سہیلئی بول دے رؤں

یہ سب ہے منظور اگر تو سہرا پہن کو آجاتوں
نئیں تو روز کا جھگڑا رہینگا دیکھو پہلئی بول دے رؤں

میں ہوں ساتھ نبھاروں دیکھو دوسرا کوئی بھی مرتے وقت
منہ میں پانی نئیں ڈالیں گا دیکھو پہلئی بول دے رؤں

مظلوموں کی ہائے لئے تو ایسی حالت ہوجئینگی
گھر جا کو ڈھیلہ نئیں رہینگا دیکھو پہلئی بول دے رؤں

لوٹ کر اپنی دوزخ بھر لیو لیکن اتنا یاد رکھو
اک دن کھائے سو سب نکلینگا دیکھو پہلئی بول دے رؤں

طاقت کے بل بوتے پر تم آج اچک لیئو لیکن کل
تخت تمہارا تختہ ہوئینگا دیکھو پہلئی بول دے رؤں

آج اداکاری کر لیئو تم کل جب میک اپ اترے گا
تم کو کتا نئیں پوچھیں گا دیکھو پہلئی بول دے رؤں

تم داماد کو اپنا سمجھتیں ان ایسی جھاڑو دینگا
پورے گھر کو صاف کرینگا دیکھو پہیلی بول دے رؤں

لاوارث جنور کے جیسا بیچ سڑک پو مت لیٹو
کتا سونگھ کو ٹانگ اٹھائینگا دیکھو پہیلی بول دے رؤں

جھاڑ ہے گر جمہوریت تو اقلیت ہے جڑ اُس کی
جڑ ہل گئی تو جھاڑ گرینگا دیکھو پہیلی بول دے رؤں

دیش کی کشتی ٹھیک کرالیو پینڈے میں چھیداں ہوگئیں
نئیں تو پانی اندر آئیں گا دیکھو پہیلی بول دے رؤں

ہاتھ کو اپنے صاف رکھو تم ناخن زیادہ بڑھ گئے تو
دنیا بھر کا میل جمیں گا دیکھو پہیلی بول دے رؤں

سڑکوں میں کھڈے پڑ گئے ہیں سیکل پر نکو نکلو
اک دن پہیہ بنڈ ہو جئنگا دیکھو پہیلی بول دے رؤں

خواہ مخواہ کی برسی ہوئی تو چاول تھوڑے زیادہ لیئو
نئیں تو کھانا کم پڑ جئنگا دیکھو پہیلی بول دے رؤں

یہ میرے سے نئیں ہوسکتا

دل کی بات کسی سے کہنا یہ میرے سے نئیں ہوسکتا
نئیں بولا تو چین سے رہنا یہ میرے سے نئیں ہوسکتا

شعر سنانے کی ہر محفل دن میں رہتی تو بہت اچھا ہے
رات کو جگنا دِن میں سونا یہ میرے سے نئیں ہوسکتا

میں تو اپنی محبوبہ سے مرتے دم تک پیار کروں گا
لیکن اس سے شادی کرنا یہ میرے سے نئیں ہوسکتا

اِک خوبصورت لڑکی کا پیغام آیا نہا میں نئیں بولا
اس کی چوکیداری کرنا یہ میرے سے نئیں ہوسکتا

اپنا کھا کو اپنا پی کو سسرے بولے جیسا سُن کو
گھر داماد کے جیسا رہنا یہ میرے سے نئیں ہوسکتا

سالے سالیاں سوتے رہتیں میں کیا کی بازار کے نل سے
سارے گھر کا پانی بھرنا یہ میرے سے نئیں ہوسکتا

ٹھیک ہے پانی بھرلیتوں میں لیکن پہلئی لول ڈیرئوں میں
پورے گھر کا سودا لانا یہ میرے سے نئیں ہوسکتا

گر بیوی مجبور کرے تو کچھ دن سودا بھی لالیتوں
مہینے بھر کا راشن لانا یہ میرے سے نئیں ہوسکتا

بیوی کو خوش رکھنے کو میں سب کاموں میں ہاتھ بٹاتوں
پر پکوان میں ہاتھ بٹانا یہ میرے سے نئیں ہوسکتا

کھانا کھائے سوأتے کو میں جھوٹے برتن بھی دھولیتوں
لیکن گھر میں جھاڑو دینا یہ میرے سے نئیں ہوسکتا

گھر کو صاف اور ستھرا رکھنے جھاڑو دینا اچھی بات ہے
میلے کپڑے بھی میں دھونا یہ میرے سے نئیں ہوسکتا

میں گھر کے سب کاماں کرتوں پھر بھی ان کی فرمائش ہے
اُن کے واسطے نوکر رکھنا یہ میرے سے نئیں ہوسکتا

میرے رونے پو سب ہنستیں میں بھی خوش ہو کر رولیتوں
سب کو روتے دیکھ کو ہنسنا یہ میرے سے نئیں ہوسکتا

مذہب ہے اب خون خرابہ دھرم کے نام پو ہٹ دھرمی ہے
اس ماحول میں ہنستے رہنا یہ میرے سے نئیں ہوسکتا

میں جب بولا دن میں نئیں تو رات کو میرے خواب میں آؤ
بن دیکھے اب زندہ رہنا یہ میرے سے نئیں ہوسکتا

شرما کو یوں بولے دن میں جاں بولے واں آ کو ملیتوں
لیکن رات کو خواب میں آنا یہ میرے سے نئیں ہوسکتا

پیٹ بھرے لوگوں کا کیا ہے سُن کو ہنستیں واہ واہ کرتیں
بھوکے رہ کو شعر سنانا یہ میرے سے نئیں ہوسکتا

پل بھر کی گر فرصت نئیں تو دمڑی کی اِتکم تو ہونا
شعر سنا کو واہ واہ سُننا یہ میرے سے نئیں ہوسکتا

بیٹھے بیٹھے چپ نئیں رہ کو میں تالاب کے بُت سے پوچھا
تم گر گئے اور نئیں چُپ رہنا یہ میرے سے نئیں ہوسکتا

کون ڈھکیلا کیسا گر گئے ہلّو میرے کان میں بولو
راز تمہارا افشا کرنا یہ میرے سے نئیں ہوسکتا

بُت بولا تم اس سے پوچھو جس نے مجھ کو بنوایا تھا
پھر سے دل کا دُکھڑا رونا یہ میرے سے نئیں ہوسکتا

جھوٹی شہرت بہت وزن تھی ہم دونوں کو لے کو ڈوبی
کس کی کرنی کون بھگتنا یہ میرے سے نئیں ہوسکتا

شرم کے مارے ڈوب مروں ہیں تم کس کو بھی نکّو بولو
اب دوبارہ اوپر آنا یہ میرے سے نئیں ہوسکتا

بہُت مزے میں تھا پانی میں اندر رہنے دیتا تھا
باہر دھوپ اور گرمی سہنا یہ میرے سے نئیں ہوسکتا

نیتا سے پوچھا تو بولے وہ اِک بُت ہے میں لیڈر ہوں
اُس کے جیسا ڈوب کو مرنا یہ میرے سے نئیں ہوسکتا

میرے ڈوب کے مر جانے کو گنڈی بیٹ بھی کم پڑتا ہے
چُلّو بھر پانی میں ڈبنا یہ میرے سے نئیں ہوسکتا

ایک وقت رستے پو سو کو اپنی کرسی کھو کو بیٹھوں
پھر سے چورستے پو سونا یہ میرے سے نئیں ہوسکتا

بھوک ہڑتال کرو بولے تو ایک یا دو دن کرلیتوں میں
مرنے تک میں بھوکا رہنا یہ میرے سے نئیں ہوسکتا

سونے سے پہلے تم مجھ سے خواہ مخواہ سب کام کرالیو
آدھی رات کو نیند سے اُٹھنا یہ میرے سے نئیں ہوسکتا